Königs Übersetzungen

Cornelius Nepos

Berühmte Feldherren

Neu überarbeitete Übersetzung von Iris Rogge

Bange Verlag

Dr. Iris Rogge, geboren 1962 in Düsseldorf, studierte Deutsch und Latein für das Lehramt Sekundarstufe I/II. Nach Ablegung des ersten und zweiten Staatsexamens promovierte sie in Neuerer Deutscher Philologie über Goethe mit den Nebenfächern Ältere Deutsche Philologie und Lateinische Philologie. Währenddessen als Beraterin in einem Schulbuchverlag tätig, arbeitete sie auch redaktionell an kleineren Projekten für den Latein- und Deutschunterricht mit und übersetzt nun für den Bange Verlag lateinische Klassiker. Seit 2001 unterrichtet sie als Studienrätin Deutsch und Latein an einem Gymnasium in Neuss.

1. Auflage 2007
ISBN 978-3-8044-1188-3

Titelabbildung: Nike mit Siegeskranz © M. Brockes
Herstellung: Pia Mankopf, MP Medien & Print, 95447 Bayreuth
Druck und Weiterverarbeitung: Tiskárna Akcent, Vimperk

Inhaltsverzeichnis

Vorwort ... 5
I. Miltiades ... 6
II. Themistokles ... 12
III. Aristeides ... 19
IV. Pausanias ... 21
V. Kimon ... 25
VI. Lysander ... 27
VII. Alkibiades ... 29
VIII. Thrasybulos ... 38
IX. Konon ... 41
X. Dion ... 44
XI. Iphikrates ... 51
XII. Chabrias ... 53
XIII. Timotheos ... 55
XIV. Datames ... 58
XV. Epaminondas ... 65
XVI. Pelopidas ... 73
XVII. Agesilaos ... 76
XVIII. Eumenes ... 82
XIX. Phokion ... 92
XX. Timoleon ... 94
XXI. Könige ... 98
XXII. Hamilkar ... 100
XXIII. Hannibal ... 102
XXIV. M. Porcius Cato ... 111
XXV. T. Pomponius Atticus ... 113

In (runden) Klammern stehen Worte, deren Hinzufügung der Sprachgebrauch fordert oder die zur richtigen Satzkonstruktion hinzuzudenken sind.
In [eckigen] Klammern stehen andere Übersetzungsvorschläge, erklärende Zusätze und abweichende Lesarten.

Vorwort

(1) Ich bezweifle nicht, dass es, mein Atticus, viele geben wird, die diese Art der Darstellung für oberflächlich und der Beschreibung der größten Männer nicht für würdig genug halten, wenn sie berichtet lesen, wer Epaminondas die Musik gelehrt habe, oder unter seinen Fähigkeiten erwähnt wird, dass er auch gut getanzt und geschickt die Flöte gespielt habe. (2) Doch es wird auch Leute geben, die der griechischen Literatur unkundig [in Unkenntnis der griechischen Literatur] nichts für richtig halten, was nicht mit ihren eigenen Sitten übereinstimmt. (3) Wenn diese gelernt haben, dass nicht für alle Menschen dasselbe ehrenhaft und schimpflich ist, sondern dass alles nach den Grundsätzen der Vorfahren beurteilt wird, werden sie sich nicht wundern, dass wir bei der Darlegung der Fähigkeiten der Griechen deren Sitten folgen werden. (4) Denn für Kimon, einen sehr bedeutenden Mann der Athener, war es nicht schändlich, seine leibliche Schwester zur Ehefrau zu haben, da seine Mitbürger an denselben Brauch gewöhnt waren. Doch dies wird unseren Sitten nach jedoch für Frevel gehalten. Auf Kreta wird den jungen Männern zur Ehre angerechnet, so viele Liebhaber wie möglich gehabt zu haben. Keine Witwe in Sparta ist so vornehm, dass sie nicht gegen Entgelt zu einem Gastmahl ginge. (5) In ganz Griechenland stand es in hohem Ansehen, in Olympia (namentlich) als Sieger ausgerufen zu werden, auf der Bühne aber (öffentlich) aufzutreten und dem Volk zum Schauspiel zu dienen [das Volk als Schauspieler zu unterhalten], bedeutete für niemanden bei eben diesen Völkern eine Schande. All dies wird bei uns teils für unehrenhaft, teils für niedrig und von der Ehrenhaftigkeit entfernt [mit dem guten Ruf für unvereinbar] gehalten. (6) Dagegen gilt es unseren Sitten nach für schicklich, was bei jenen für schimpflich gehalten wurde. Denn welcher Römer schämt sich, seine Frau zu einem Gastmahl zu führen? Oder wessen Hausfrau hat nicht den ersten Platz im Hause inne und hält sich nicht in der Öffentlichkeit auf? (7) Dies ist in Griechenland weitaus [ganz] anders. Denn sie wird nicht zu einem Gastmahl zugelassen, außer (zu denen) ihrer Verwandten, und sitzt nur im innersten Teil des Hauses, das das Frauengemach genannt wird, zu dem niemand Zutritt hat außer einem durch Verwandtschaft Verbundenen [nur ein

sehr naher Verwandter]. (8) Doch dem hier weiter nachzugehen verbietet sowohl der Umfang der Schrift als auch ganz besonders die Eile, das darzulegen, was ich begonnen habe. Daher wollen wir zum Thema zurückkehren und in diesem Buch das Leben hervorragender Feldherren darstellen.

I. Miltiades

1 (1) Als sich Miltiades, der Sohn des Kimon, aus Athen sowohl durch das Alter seiner Familie und den Ruhm seiner Vorfahren als auch durch seine eigene Bescheidenheit am allermeisten auszeichnete und in dem Alter war, dass seine Mitbürger nichts Gutes von ihm erhofften, sondern auch (darauf) vertrauen konnten, dass er ein solcher (Mann) sein werde, wie sie ihn, nachdem sie ihn kennen gelernt hatten, beurteilten, geschah es, dass die Athener Siedler zur [auf die Halbinsel] Chersones schicken wollten. (2) Da die Anzahl dieser Art (Leute) groß war und viele die Teilnahme an dieser Auswanderung suchten, sind Ausgewählte von diesen nach Delphi geschickt worden, die Apollo um Rat fragen sollten, wen sie am besten als Führer nehmen sollten. Denn damals bewohnten die Thraker diese Gegenden, mit denen man mit Waffen kämpfen musste. (3) Denen, die um Rat fragten, befahl die Pythia namentlich, sich Miltiades zum Feldherrn zu nehmen. Wenn sie dies getan hätten, werde ihr Unternehmen erfolgreich sein. (4) Als Miltiades auf diese Antwort des Orakels hin mit einer ausgewählten Schar mit der Flotte zur Chersones abgesegelt war, sich Lemnos genähert hatte und die Einwohner dieser Insel unter die Gewalt der Athener bringen wollte und gefordert hatte, dass die Lemnier dies freiwillig tun sollten, (5) da antworteten jene spottend, sie würden es tun, wenn jener beim Absegeln von zu Hause zu Schiff mit dem Nordwind nach Lemnos gekommen sei. Dieser Wind nämlich, der von Norden kommt, weht denen, die von Athen absegeln, entgegen. (6) Da Miltiades keine Zeit hatte, sich (dort länger) aufzuhalten, lenkte er den Kurs (dorthin), wohin er strebte, und gelangte zur Chersonnes.

2 (1) Nachdem er dort in kurzer Zeit die Truppen der Barbaren zerstreut hatte, bemächtigte er sich der ganzen Gegend, die er zu erreichen gesucht hatte, und befestigte geeignete Plätze durch Festungen, siedelte die Menge, die er mit sich geführt hatte, auf den Feldern [auf dem Land] an und bereicherte sich durch häufige Streifzüge. (2) Dabei wurde er nicht weniger [ebenso] durch Klugheit als [wie] vom Glück unterstützt. Denn als er durch die Tapferkeit der Soldaten die Heere der Feinde besiegt hatte, ordnete er die Verhältnisse mit größter Gerechtigkeit und beschloss, selbst dort zu bleiben. (3) Denn er stand bei ihnen in königlichem Ansehen, obgleich er keinen Namen hatte, und er hatte dies mehr durch seine Stellung (als Feldherr) als durch Gerechtigkeit erreicht. Nichtsdestoweniger erfüllte er den Athenern, von denen er aufgebrochen war, Dienste. Dadurch kam es, dass er nicht weniger nach dem Willen derer die Herrschaft für immer innehatte, die ihn geschickt hatten, als (nach dem Willen) jener, mit denen er aufgebrochen war. (4) Nachdem die Verhältnisse auf der (Halbinsel) Chersones auf solche Weise geordnet waren, kehrt er nach Lemnos zurück und fordert aufgrund der Abmachung, ihm die Stadt zu übergeben; jene hatten nämlich gesagt, sie würden sich, wenn er mit dem Nordwind von zu Hause absegelnd dorthin gekommen sei, ergeben. Er aber habe sein Zuhause auf der Chersones. (5) Die Karier, die damals Lemnos bewohnten, wagten, obwohl die Sache wider Erwarten ausgefallen [ausgegangen] war, dennoch nicht, durch das Wort, nicht durch das Glück der Gegner bewegt, Widerstand zu leisten und wanderten von der Insel aus. Mit gleichem Glück brachte er die übrigen Inseln, die Kykladen genannt werden, unter die Herrschaft der Athener.

3 (1) Zur selben Zeit beschloss der Perserkönig Dareios, mit einem Heer von Asien nach Europa überzusetzen und den Skythen den Krieg zu erklären. Er schlug eine Brücke über den Fluss Ister [die untere Donau], auf dem er seine Truppen hinüberführen wollte, ließ als Wächter dieser Brücke, während er selbst abwesend war, die Fürsten zurück, die er aus Ionien und Aeolien mit sich geführt hatte. Jedem Einzelnen von diesen hatte Dareios fortwährende Herrschaft über ihre Städte gegeben. (2) Denn, so glaubte er, werde er die in griechischer Sprache Redenden, die Asien bewohnten, am leichtesten in seiner Gewalt behalten, wenn er seinen Freunden die Städte zum Schutz übergeben habe, denen, wenn er gestürzt sei, keine

Hoffnung auf Rettung gelassen werde. Unter dieser Zahl befand sich damals Miltiades, dem jene Bewachung anvertraut war. (3) Als Boten häufig meldeten, Dareios kämpfe unglücklich und werde von den Skythen unterdrückt, ermahnte Miltiades die Wächter der Brücke, die vom Schicksal gebotene (günstige) Gelegenheit, Griechenland zu befreien, nicht vorübergehen zu lassen. (4) Denn wenn Dareios mit den Truppen, die er mit sich hinübergeschafft hatte, umgekommen wäre, werde nicht nur Europa sicher sein, sondern auch die, die Asien bewohnten, der Abstammung nach Griechen, würden von der Herrschaft der Perser und der Gefahr frei sein. Dies könne leicht erreicht werden. Denn wenn die Brücke abgerissen sei, werde der König entweder durch das Schwert der Feinde oder den Mangel (an Nahrungsmitteln) innerhalb von wenigen Tagen umkommen. (5) Als die meisten [sehr viele] diesem Plan beitraten, widersetzt sich Histiaios aus Milet, dass dies ausgeführt werde, indem er sagte, dasselbe nütze eben denen nichts, die den Oberbefehl hätten, als der Menge, weil sich ihre eigene Macht auf die Herrschaft des Dareios stütze, wenn diese vernichtet sei, würden sie, selbst aus ihrer Macht verdrängt, von ihren Mitbürgern bestraft werden. Daher schreckte er vor dem Plan der Übrigen so sehr zurück, dass er glaubte, nichts sei für sie nützlicher, als dass die Herrschaft der Perser gestärkt würde [die Herrschaft der Perser zu stärken]. (6) Da die meisten seiner Ansicht folgten, zweifelte Miltiades nicht (daran), dass seine Pläne bei so vielen Mitwissern zu Ohren des Königs gelangen würden, verließ die Chersones und zog nach Athen um. Obgleich seine Ansicht keinen Erfolg hatte, ist er dennoch sehr zu loben, da er mehr der Freiheit aller geneigt war als seiner eigenen.

4 (1) Als Dareios aber aus Europa nach Asien zurückgekehrt war, rüstete er auf die Ermahnung seiner Freunde hin, Griechenland in seine Gewalt zu bringen, eine Flotte von 500 Schiffen, stellte ihr Datis und Artaphernes an die Spitze und gab diesen 200000 Fußsoldaten und 10000 Reiter, indem er als Grund angab, er sei den Athenern Feind, weil die Ionier mit ihrer Hilfe Sardes erobert und seine Besatzungen getötet hätten. (2) Jene königlichen Befehlshaber nahmen nach ihrer Landung auf Euboea Eretria schnell ein, schleppten alle Bürger dieser Gemeinde fort und schickten sie nach Athen zum

König. Von dort kamen sie nach Attika und führten ihre Truppen in die Ebene von Marathon. Diese (Stadt) ist von der Stadt [Athen] ungefähr zehn Meilen entfernt. (3) Durch diesen so nahen und großen Kriegslärm erschreckt, baten die Athener nur die Spartaner um Hilfe und schickten Pheidippos, einen Läufer von der Art, die Eilboten genannt werden, nach Sparta, um zu verkünden, wie nötig schnelle Hilfe sei. (4) Zu Hause aber wählten sie zehn Strategen, die das Heer kommandieren sollten, unter ihnen Miltiades. Unter diesen herrschte großer Streit, ob sie sich hinter Mauern verteidigen oder den Feinden entgegengehen und in offener Feldschlacht (um die Entscheidung) kämpfen sollten. (5) Als Einziger drang Miltiades besonders darauf, dass man so schnell wie möglich zu Felde zog. Wenn dies geschehen sei, werde den Bürgern (einerseits) der Mut wachsen, wenn sie sähen, dass man an ihrer Tapferkeit nicht verzweifle, andererseits würden die Feinde aus demselben Grund bedächtiger werden, wenn sie bemerkten, dass man es wage, mit so geringen Truppen gegen sie zu kämpfen.

5 (1) In dieser Notlage kam keine Stadt den Athenern zu Hilfe außer den Bewohnern von Plataeae. Diese schickten 1000 Soldaten. Und so wurden die 10000 Bewaffneten durch ihre Ankunft vollzählig gemacht [wurde die Zahl der Bewaffneten auf 10000 gebracht], diese Schar brannte vor erstaunlicher Kampfbegierde. (2) Daher kam es, dass Miltiades mehr galt als seine Amtsgenossen. Durch seinen Rat folglich veranlasst, führten die Athener die Truppen aus der Stadt und schlugen an geeignetem Platz ihr Lager auf. (3) Darauf begannen sie am folgenden Tag am Fuße des Berges, nachdem das Heer auf nicht (gerade) übersichtlichem Gelände aufgestellt war – denn an vielen Stellen standen einzelne Bäume – das Gefecht in der Absicht, dass sie sowohl durch die Höhe der Berge gedeckt waren als auch die Reiterei der Feinde durch die Reihe der Bäume gehindert wurde, damit sie nicht von der Menge eingeschlossen würden. (4) Obgleich Datis sah, dass der Ort für seine Leute nicht günstig war, wünschte er dennoch im Vertrauen auf die Anzahl seiner Truppen zu kämpfen, umso mehr, weil er es für nützlich hielt zu kämpfen, bevor die Spartaner zu Hilfe kämen. Daher ließ er 100000 Fußsoldaten und 10000 Reiter in Schlachtreihe ausrücken und begann das Gefecht. (5) In diesem waren die Athener umso viel mehr an Tapferkeit überlegen, dass sie die zehnfache Anzahl der Feinde niedergeschlagen und sie sie so sehr erschreckt haben, dass die Perser nicht zum Lager, sondern zu den Schiffen eilten. Nichts Vortrefflicheres als diese Schlacht hat es bisher gegeben. Denn keine so geringe Schar hat jemals so mächtige Streitkräfte vernichtet.

6 (1) Es scheint mir nicht unpassend zu sein zu berichten, was für eine Belohnung dem Miltiades zugeteilt worden ist, damit umso leichter erkannt werden kann, dass das Wesen aller Staaten dasselbe [gleich] ist. (2) Wie nämlich die Ehren des römischen Volkes einst selten und einfach waren und deswegen ruhmreich, jetzt aber verschwenderisch und alltäglich, so, finden wir, ist es einst bei den Athenern gewesen. (3) Denn diesem Miltiades, der Athen und ganz Griechenland befreit hatte, ist die so große Ehre erwiesen worden, dass sein Bild in der Säulenhalle, die „die Bunte" genannt wird, als die Schlacht von Marathon gemalt wurde, unter der Zahl der zehn Strategen als Erstes aufgestellt wurde, wie er die Soldaten ermahnte und die Schlacht begann. (4) Jenes selbe Volk beschloss, nachdem es größere Macht erlangt hatte und durch die Freigebigkeit der Beamten verdorben war, 300 Statuen für Demetrios aus Phaleron.

7 (1) Nach dieser Schlacht gaben die Athener demselben Miltiades eine Flotte von 70 Schiffen, um die Inseln, die die Barbaren unterstützt hatten, zu bekriegen. Während dieses Kommandos zwang er die meisten, zu ihrer Pflicht zurückzukehren, einige eroberte er mit Gewalt. (2) Als er von diesen die auf ihre Macht stolze Insel Paros durch Verhandlungen nicht wiedergewinnen konnte, führte er die Truppen aus den Schiffen, schloss die Stadt durch Belagerungswerke ein und schnitt sie (so) von jeglicher Zufuhr ab; dann rückte er mit aufgestellten Schirm- und Schutzdächern an die Mauern heran. (3) Als er schon so weit war, sich der Stadt zu bemächtigen, wurde in der Ferne auf dem Festland ein Hain, der von der Insel erblickt wurde, durch irgendeinen Zufall zur Nachtzeit angezündet. Sobald dessen Flamme von den Städtern und Angreifern gesehen wurde, kam es beiden in den Sinn, es sei ein von den Matrosen des Königs gegebenes Zeichen. (4) Daher kam es, dass sowohl die

Parier von der Übergabe abgeschreckt wurden als auch Miltiades aus Furcht, die königliche Flotte komme heran, nach Anzünden der Belagerungswerke, die er gebaut hatte, mit ebenso vielen Schiffen, wie er abgesegelt war, zum großen Verdruss seiner Mitbürger nach Athen zurückkehrte. (5) Folglich wurde er des Verrates angeklagt, weil er, da er Paros nicht erobern konnte, vom König bestochen, unverrichteter Dinge weggegangen war. Zu dieser Zeit war er krank. Daher redete, weil er sich selber nicht verteidigen konnte, sein Bruder Stesagoras (für ihn). (6) Nach Untersuchung der (Rechts-)Sache wurde er (zwar) von der Todesstrafe freigesprochen, (aber) zu einer Geldstrafe verurteilt, und diese Streitsache wurde auf 50 Talente abgeschätzt, so viel war für die Flotte aufgewendet worden. Weil er dieses Geld augenblicklich nicht sofort bezahlen konnte, wurde er ins Staatsgefängnis geworfen und starb dort.

8 (1) Wenn dieser auch wegen seines Verbrechens auf Paros angeklagt wurde, ist dennoch der Grund für seine Verurteilung ein anderer. Denn die Athener fürchteten wegen der Tyrannei des Peisistratos, die wenige Jahre vorher gewesen war, die zu große Macht ihrer Mitbürger. (2) Miltiades, der viel in leitenden militärischen und zivilen Stellungen tätig war, schien nicht Privatmann sein zu können, zumal er aus Gewohnheit zur Begierde nach Herrschaft hingerissen wurde. (3) Denn auf der Chersones hatte er die ganzen Jahre, die er dort gelebt hatte, die ununterbrochene Herrschaft innegehabt und war (zwar) Tyrann genannt worden, aber ein gerechter. Denn er hatte sie nicht mit Gewalt erlangt, sondern mit ihrem Willen und erhielt sich diese Macht durch Güte. Alle aber werden sowohl Tyrannen genannt als auch dafür gehalten, die eine dauernde Macht in dem Staat hatten, der Freiheit genossen hat. (4) Miltiades jedoch besaß sowohl große Menschenfreundlichkeit als auch ganz besonders eine erstaunliche Leutseligkeit, so dass niemand so niedrig war, dass ihm nicht der Zugang offen gestanden hätte. Groß war sein Ansehen bei allen Staaten, berühmt sein Name und sein Kriegsruhm sehr groß. Mit Rücksicht darauf wollte das Volk lieber, dass jener unschuldig geschlagen werde [litt], als dass es (noch) länger in Furcht sei.

II. Themistokles

1 (1) Themistokles, ein Sohn des Neokles, aus Athen. Seine Fehler im beginnenden Jünglingsalter sind durch große Tugenden verbessert [wieder gutgemacht] worden, so dass niemand ihm so sehr vorgezogen wurde, nur wenige für gleich gehalten werden. Doch man sollte von Anfang an beginnen. (2) Sein Vater Neokles war aus edlem Geschlecht. Dieser heiratete eine Bürgerin aus Akarnanien, von der Themistokles geboren wurde. Da dieser weniger den Beifall der Eltern gefunden hatte, weil er zu frei lebte und das Vermögen vernachlässigte, wurde er vom Vater enterbt. (Aber) diese Schmach brach ihn nicht, richtete ihn vielmehr auf. (3) Denn da er zu der Überzeugung gekommen war, ohne größten Fleiß könne sie nicht ausgelöscht werden, widmete er sich ganz dem Staat und diente (dabei) achtsamer [mehr achtgebend] auf seine Freunde als auf seinen Ruf. Er war viel bei Privatprozessen tätig, trat oft in der Volksversammlung auf, keine wichtigere Angelegenheit wurde ohne ihn ausgeführt. (4) Schnell fand er heraus, was nötig war; mit Leichtigkeit legte er dasselbe in einer Rede dar. Nicht weniger entschlossen war er bei der Ausführung als beim Ersinnen von Plänen, weil er sowohl über die augenblicklich vorliegenden Verhältnisse, wie Thukydides sagt, sehr wahr urteilte als auch sehr schlau Schlüsse aus den kommenden zog. Daher kam es, dass er in kurzer Zeit berühmt wurde.

2 (1) Der erste Schritt, sich dem Staatsdienst zu widmen, war im Krieg gegen Korkyra [Korfu]. Um ihn zu führen, war er vom Volk zum Heerführer gemacht worden und hatte den Staat nicht nur für den gegenwärtigen Krieg, sondern auch für die übrige Zeit wilder gemacht. (2) Denn da das öffentliche Geld [die Staatseinkünfte], das aus den Bergwerken einkam, durch die Freigebigkeit der Beamten jährlich verloren ging, überredete jener das Volk, dass mit diesem Geld eine Flotte von 100 Schiffen gebaut werden sollte. (3) Nachdem diese schnell aufgestellt war, vernichtete er zuerst die Einwohner von Korkyra, dann machte er durch Verfolgen der Seeräuber das Meer sicher. Dabei stattete er die Athener sowohl mit Reichtum aus [bereicherte sie] als (dass) er sie auch ganz besonders erfahren im Seekrieg machte. (4) Zu welch großem Nutzen dies für ganz Griechenland gewesen ist, ist im Perserkrieg erfahren worden. Denn als Xerxes zu Wasser und zu Lande ganz Europa mit so vielen Truppen angriff, wie weder vorher noch später jemand gehabt hat, (5) bestand seine Flotte nämlich aus 1200 Kriegsschiffen, der 2000 Lastschiffe folgten, die Landheere aber waren 700000 Fußsoldaten und 400000 Reiter (stark). (6) Als das Gerücht von seiner Ankunft nach Griechenland gelangt war, und man sagte, besonders die Athener würden wegen der Schlacht bei Marathon angegriffen, schickten sie Leute nach Delphi, die um Rat fragen sollten, was sie bezüglich ihrer Lage machen sollten. (7) Denen, die um Rat fragten, antwortete die Pythia, sie sollten sich durch hölzerne Mauern schützen. Da niemand erkannte, wohin [worauf] diese Antwort zielte, überredet Themistokles sie, es sei der Rat Apollos, sich und ihr Eigentum auf die Schiffe zu begeben, das [damit] nämlich werde von dem Gott als hölzerne Mauer bezeichnet. (8) Nach Billigung dieses Planes fügen sie zu dem bereits vorhandenen ebenso viele Dreiruderer und all ihr Hab (und Gut), das bewegt werden kann, und schaffen es teils nach Salamis, teils nach Troizen. Die Burg übergeben sie den Priestern und einigen Älteren zur Besorgung der Opfer und lassen die übrige Stadt zurück.

3 (1) Sein Plan missfiel den meisten Bürgern, und man fand es besser, an Land zu kämpfen. Daher wurden Ausgewählte zusammen mit Leonidas, dem König der Spartaner, geschickt, die die Thermopylen besetzen und nicht zulassen sollten, dass die Barbaren weiter vorrückten. Diese hielten die Gewalt der Feinde nicht aus und gingen alle an diesem Ort zugrunde. (2) Doch die gemeinsame Flotte [Bundesflotte] Griechenlands von 300 Schiffen, von denen 200 den Athenern gehörten, stieß zuerst bei Artemisium zwischen Euboea und dem Festland mit den königlichen Flottenführern zusammen. Themistokles nämlich suchte die Meerenge, um nicht von der Menge umgeben zu werden. (3) Obgleich sie hier nach einem unentschiedenen Kampf auseinandergegangen waren, wagten sie es dennoch nicht, an demselben Ort zu bleiben, weil die Gefahr bestand, dass sie, wenn ein Teil der feindlichen Schiffe Euboea umsegelt hätte, von doppelter Gefahr [Gefahr von beiden Seiten] bedrängt würden. (4)

Daher kam es, dass sie von Artemisium wegsegelten und Athen gegenüber bei Salamis ihre Flotte aufstellten.

4 (1) Xerxes jedoch rückte nach Eroberung der Thermopylen sofort an die Stadt heran und zerstörte sie, ohne dass sie einer verteidigte, nachdem die Priester, die er auf der Burg gefunden hatte, getötet worden waren, durch Brand. (2) Als die Flottenführer, durch diese Flamme sehr erschreckt, nicht zu bleiben wagten und die meisten ermahnten, in ihre Heimat zu gehen und sich hinter Mauern zu verteidigen, blieb Themistokles als Einziger zurück und sagte, vereint könnten sie gewachsen sein, beteuerte, zerstreut würden sie untergehen. Dies werde, so versicherte er Eurybiades, dem König der Spartaner, der damals den Oberbefehl führte, (so) kommen. (3) Als er diesen weniger, als er wollte, beeindruckte, schickte er nachts einen von seinen Sklaven, den er für den treuesten hielt, zum König, um ihm in seinem Auftrag zu melden: Seine Gegner befänden sich auf der Flucht. (4) Wenn diese auseinandergegangen seien, werde er mit größerer Anstrengung und in länger andauernder Zeit den Krieg beenden, da er gezwungen werde, sie einzeln zu verfolgen. Wenn er diese sogleich angreife, werde er sie in Kürze alle unterdrücken. Dies zielte darauf, dass alle wider Willen zum entscheidenden Kampf gezwungen würden. (5) Nachdem er dies gehört hatte, kämpfte der Barbar, im Glauben, es stecke keine List dahinter, am folgenden Tag an einem für ihn sehr ungünstigen Ort, für die Feinde dagegen so schmalen Meerenge, dass die Menge der Schiffe sich nicht entfalten konnte. Er wurde noch mehr durch die List des Themistokles als durch die Waffen Griechenlands besiegt.

5 (1) Obgleich er hier die Sache schlecht ausgeführt hatte, hatte er dennoch so große Reste von Truppen, dass er mit ihnen auch dann noch die Feinde überwältigen konnte. Wiederum wurde er aus der vorteilhaften Stellung verdrängt. Denn Themistokles benachrichtigte ihn aus Furcht, dass er fortfahre, Krieg zu führen, dass man darauf bedacht sei, dass die Brücke, die jener über den Hellespont geschlagen hatte, zerstört und er von der Rückkehr nach Afrika abgeschnitten werde, und redete ihm das ein. (2) Daher kehrte er auf demselben Weg, auf dem er in den sechs Monaten marschiert war, in weniger als 30 Tagen nach Asien zurück und glaubte, er sei von Themistokles nicht überwunden, sondern gerettet worden. (3) So wurde Griechenland durch die Klugheit eines einzigen Mannes befreit, und Asien unterlag Europa. Dies ist ein zweiter Sieg, der mit dem Sieg bei Marathon verglichen werden kann. Denn auf gleiche Weise ist bei Salamis durch eine kleine Anzahl von Schiffen die größte Flotte seit Menschengedenken besiegt worden.

6 (1) Groß war Themistokles in diesem Krieg und nicht weniger bedeutend im Frieden. Da die Athener den Hafen von Phaleron weder als einen geräumigen noch als guten gebrauchten [in dem Hafen von Phaleron weder einen geräumigen noch einen guten Hafen besaßen], wurde auf seinen Rat hin der dreifache Hafen von Piraeus angelegt und mit Mauern umgeben, dass er die Stadt selber an Ansehen erreicht, an Nutzen (sogar) übertraf. (2) Derselbe [Auch] stellte er die Mauern der Athener unter besonderer persönlicher Gefahr [unter besonderer Gefahr für seine Person] wieder her. Denn die Spartaner hatten wegen der Einfälle der Barbaren einen geeigneten Grund gefunden, weshalb sie behaupten konnten, es sei nicht nötig, dass eine Stadt außerhalb der Peloponnes Mauern habe, damit es keine befestigten Plätze gebe, die die Feinde in Besitz nehmen könnten, so versuchten sie die Athener am Bau zu hindern. (3) Dies zielte auf etwas ganz anderes, als sie wollten, dass es den Anschein hatte. Die Athener hatten nämlich durch die beiden Siege bei Marathon und bei Salamis so großen Ruhm bei allen Völkern erlangt, dass die Spartaner einsahen, sie würden einen Wettstreit mit ihnen um die Vorherrschaft haben. (4) Daher wollten sie, dass sie möglichst schwach seien. Nachdem sie aber gehört hatten, dass Mauern gebaut würden, schickten sie Gesandte nach Athen, die verbieten sollten, dass dies geschehe. In ihrer Abwesenheit hörten sie auf und sagten, sie würden bezüglich dieser Sache Gesandte zu ihnen schicken. (5) Diese Gesandtschaft übernahm Themistokles und brach zuerst allein auf. Er gab die Anweisung, die übrigen Gesandten sollten erst dann herausgehen, wenn die Mauern zum Schutz ausreichend hoch errichtet zu sein schienen. Inzwischen sollten alle, Sklaven und Freie, das Werk [die Mauern] bauen und keinen Ort aussparen, sei es ein heiliger oder privater oder öffentlicher, und überall (das) zusammentragen, von dem sie glaubten, es sei zur Befestigung geeignet. Daher kam es, dass die Mauern der Athener aus Steinen von Kapellen und Grabmälern bestanden.

7 (1) Themistokles aber wollte, als er nach Sparta kam, nicht zu den Behörden gehen und gab sich Mühe, dass er die Zeit so lang wie möglich hinzog [die Sache in die Länge zog], indem er als Grund vorschützte, er erwarte seine Kollegen. (2) Als die Spartaner sich beklagten, dass der Bau nichtsdestoweniger gemacht werde und er sie darin zu täuschen versuche, da erreichten die übrigen Gesandten (das Ziel) [kamen an]. Als er von diesen gehört hatte, es sei nicht viel an der Befestigung übrig [nicht mehr viel an der Befestigung zu tun], ging er zu den Ephoren [Aufsehern] der Spartaner, in deren Händen der Oberbefehl lag, und behauptete bei ihnen, ihnen sei Falsches gemeldet worden. Daher sei es recht (und billig), dass sie jene tüchtigen und vornehmen Männer schicken würden, denen Vertrauen geschenkt werde, dass sie die Angelegenheit erkunden sollten; sie sollten ihn unterdessen als Bürgen zurückbehalten. (3) Man war ihm zu Willen [fügte sich ihm], und die drei Gesandten, die höchste Ehrenämter bekleideten, wurden nach Athen geschickt. Themistokles befahl, dass seine Kollegen zusammen mit diesen abreisen sollten, und schrieb ihnen vor, die Gesandten der Spartaner nicht eher zu entlassen, als bis er selber zurückgeschickt worden sei. (4) Nachdem er im Glauben war, sie seien nach Athen gelangt, ging er zu den Behörden [Ephoren] und dem Senat [dem Rat der Alten] der Spartaner und bekannte vor ihnen sehr freimütig: Die Athener hätten auf seinen Rat, weil sie es nach dem allgemein gültigen Völkerrecht machen konnten, die Nationalgottheiten, die Götter der engeren Heimat [Attikas] und die Hausgötter, um sie dadurch umso leichter vor dem Feind schützen zu können, mit Mauern umschlossen und dabei (das) getan, was für Griechenland nutzlos sei. (5) Denn ihre Stadt sei wie ein Bollwerk den Barbaren entgegengesetzt, bei der schon zwei königliche Flotten Schiffbruch erlitten hätten. (6) Die Spartaner hingegen würden schlecht und ungerecht handeln, dass sie eher darauf schauten, was für ihre eigene Herrschaft als was für ganz Griechenland nützlich sei. Daher sollten sie, wenn sie ihre Gesandten wieder erhalten wollten, die sie nach Athen geschickt hatten, ihn zurückschicken; sonst würden sie jene niemals in ihrem Vaterland zurückerhalten.

8 (1) Dennoch entging er nicht der Missgunst seiner Mitbürger. Denn wegen derselben Freiheit, wegen der Miltiades verurteilt worden war, wurde auch er durch die Stimmen der Scherben aus dem Staat verbannt und begab sich nach Argos, um (dort) zu wohnen. (2) Da er hier wegen seiner vielen Tugenden unter hohem Ansehen lebte, schickten die Spartaner Gesandte nach Athen, die ihn in seiner Abwesenheit anklagen sollten, dass er ein Bündnis mit dem König der Perser geschlossen habe, um Griechenland zu überwältigen. (3) Infolge dieser Anschuldigung ist er in seiner Abwesenheit des Verrates verurteilt worden. Als er dies hörte, wanderte er, weil er sah, dass er in Argos nicht genügend sicher sei, nach Korkyra aus. Als er bemerkt hatte, dass die Fürsten dieser Insel fürchteten, die Spartaner und Athener würden ihnen seinetwegen den Krieg erklären, suchte er bei Admetos, dem König der Molosser, mit dem er Gastfreundschaft pflegte, Zuflucht. (4) Als er hierher gekommen war, und der König augenblicklich abwesend war, packte er, um sich mit umso größerer Geschwindigkeit zurückzuziehen und zu schützen, seine ganz kleine Tochter und flüchtete sich in ein Heiligtum, das mit höchster Ehrfurcht verehrt wurde. Von dort ging er nicht eher heraus, als bis ihn der König mit dargebotener rechter (Hand) in seinen Schutz aufnahm; diesen gewährte er. (5) Denn als von den Athenern und Spartanern auf Staatsbefehl hin seine Auslassung gefordert wurde, verriet er den Schutzflehenden nicht und ermahnte ihn, für seine Sicherheit zu sorgen. Es sei nämlich schwer, sich an einem so nahen Ort ohne Gefahr aufzuhalten. Daher ließ er ihn nach Pydna führen und gab ihm (das), was für eine Besatzung genügend war [eine ausreichende Besatzung]. (6) Dieser besteigt das Schiff, allen Schiffern unbekannt. Als dieses durch einen sehr schweren Sturm nach Naxos verschlagen wurde, wo sich damals das Heer der Athener befand, spürte Themistokles, dass er, wenn er dorthin gelangt sei, dort umkommen müsse. Durch diese Notwendigkeit gezwungen, eröffnet er dem Kapitän des Schiffes, wer er sei, indem er (ihm) viel versprach, wenn er ihn gerettet habe. (7) Doch jener, von Mitleid mit dem hochberühmten Mann ergriffen, hielt das Schiff Tag und Nacht fern von der Insel auf dem offenen Meer vor Anker und ließ keinen aus ihm herausgehen [es verlassen]. Von da gelangte er nach Ephesos und setzte Themistokles aus. Diesem [dem Kapitän] stattete jener [Themistokles] später Dank für seine Verdienste ab.

9 (1) Ich weiß, dass die meisten folgendermaßen geschrieben haben: Themistokles sei unter dem König Xerxes nach Asien hinübergegangen. Doch ich glaube am ehesten dem Thukydides, weil er sowohl der Zeit nach der Nächste von denen war, die die Geschichte jener Zeiten hinterlassen haben, als auch demselben Staat angehörte. Dieser aber sagte, er sei zu Artaxerxes gekommen und habe ihm einen Brief mit folgenden Worten gesandt: (2) „Ich, Themistokles, bin zu dir gekommen, der ich das meiste Übel von allen Griechen in dein Haus gebracht habe, solange es für mich notwendig war, gegen deinen Vater Krieg zu führen und mein Vaterland zu verteidigen. (3) Dagegen habe ich weitaus mehr Gutes getan, nachdem er selbst in Sicherheit und jener in Gefahr zu sein begann. Denn als ich nach Asien zurückkehren wollte, nachdem die Schlacht bei Salamis geschlagen war, benachrichtigte ich ihn durch einen Brief, dass man darauf bedacht sei, dass die Brücke, die über den Hellespont geschlagen war, zerstört werde und er von den Feinden umzingelt werde. Durch diese Nachricht wurde jener von der Gefahr befreit. (4) Jetzt aber habe ich zu dir Zuflucht genommen, gehetzt von ganz Griechenland, mit der Bitte um deine Freundschaft. Wenn ich diese erlangt habe, wirst du mich nicht weniger als guten Freund haben, als jener mich als tapferen Feind kennengelernt hat. Ich aber bitte dich, mir bezüglich der Angelegenheiten, die ich mit dir bereden will, ein Jahr Zeit zu geben und mich nach Ablauf dieser Zeit zu dir kommen zu lassen."

10 (1) Da er die Geistesgröße dieses Mannes bewunderte und wünschte, einen solchen Mann für sich zu gewinnen, erfüllte er [der König Artaxerxes] ihm die Bitte. Jener widmete jene ganze Zeit der Wissenschaft und der (Umgangs-)Sprache der Perser [der Erlernung der persischen Sprache in Wort und Schrift], in der er so gebildet war, dass gesagt wird, er rede weitaus gefälliger vor dem König, als diejenigen es vermochten, die in Persien geboren waren. (2) Da er dem König viel versprochen hatte und jenes besonders Angenehme, er werde, wenn er seine Ratschläge nutzen wolle, Griechenland im Krieg überwältigen, kehrte er, mit großen Geschenken von Artaxerxes beschenkt, nach Asien zurück und schlug seinen Wohnsitz in Magnesia auf. (3) Denn diese Stadt hatte ihm der König mit folgender Anweisung geschenkt, dass sie ihm das Brot gewähre – aus dieser Gegend kamen jährlich 50 Talente ein –, Lampsakos aber, von wo er den Wein beziehe, Myus, aus der er seine Zukost erhalte. Zwei Denkmäler von ihm sind bis auf unsere Zeit (erhalten) geblieben: sein Grabmal nahe der Stadt, in dem er begraben ist, und die Statue auf dem Markt von Magnesia. (4) Über seinen Tod ist bei den meisten auf verschiedene Weise geschrieben worden, doch ich folge am ehesten demselben Thukydides als Gewährsmann, der sagt, er sei in Magnesia an einer Krankheit gestorben, und nicht leugnet, dass das Gerücht existiert habe, er habe freiwillig Gift genommen, da er verzweifelt sei, dass er das, was er dem König über die Unterwerfung Griechenlands versprochen habe, nicht erfüllen könne. (5) Ebenfalls hat er der Nachwelt überliefert, seine Gebeine seien heimlich in Attika von Freunden bestattet worden, da es durch die Gesetze nicht gestattet war, weil er des Verrats wegen verurteilt worden war.

III. Aristeides

1 (1) Aristeides, der Sohn des Lysimachos, aus Athen war fast ein Altersgenosse des Themistokles und stritt daher mit ihm um die Vorherrschaft, denn sie bekämpften sich untereinander. (2) Bei diesem aber erkannte man, um wie viel die Beredsamkeit der Uneigennützigkeit überlegen war. Denn obwohl Aristeides sich so durch Uneigennützigkeit auszeichnete, dass er als Einziger seit Menschengedenken, soweit ich wenigstens gehört habe, mit dem Beinamen „der Gerechte“ genannt wurde, wurde er dennoch von Themistokles gestürzt und durch jenes (bekannte) Scherbengericht mit einer Verbannung von zehn Jahren bestraft. (3) Als dieser aber einsah, dass die aufgewiegelte Menge nicht (mehr) beschwichtigt werden könne und er beim Weggehen einen bemerkt hatte, der schrieb, dass er aus dem Vaterland vertrieben werden solle, soll er ihn gefragt haben, was er mache oder was Aristeides begangen habe, weshalb er einer so großen Strafe für würdig gehalten werde. (4) Jener antwortete ihm, er kenne Aristeides nicht, doch es gefalle ihm nicht, dass er so eifrig darauf hingearbeitet habe, vor den Übrigen „der Gerechte" genannt zu werden. (5) Dieser büßte die gesetzliche Strafe von zehn Jahren nicht bis zu Ende. Denn nachdem Xerxes in Griechenland einmarschiert war, ist er ungefähr im sechsten Jahr, nachdem er verbannt worden war, ins Vaterland zurückgeholt worden.

2 (1) Er nahm aber an der Seeschlacht bei Salamis teil, die geschlagen wurde, bevor er von seiner Strafe befreit wurde. Ebenso war er Heerführer der Athener bei Plataeae in der Schlacht, in der das Heer der Barbaren in die Flucht geschlagen und Mardonios getötet worden war. (2) Und keine andere seiner Taten im Kriegswesen ist (so) berühmt geworden wie die Erinnerung an diesen Oberbefehl, viele (Taten) seiner Gerechtigkeit aber, seines gerechten Verhaltens und seiner Uneigennützigkeit, besonders weil es wegen seines gerechten Verhaltens dazu kam, dass der Oberbefehl zur See, als er zusammen mit Pausanias in der gemeinsamen Flotte [Bundesflotte] Griechenlands war, von den Spartanern auf die Athener übertragen wurde. (3) Denn vor dieser Zeit waren die Spartaner zu Wasser und zu Lande die Führenden. Damals aber kam es durch den Übermut des Pausanias und die Gerechtigkeit des Aristeides dazu, dass fast alle Staaten Griechenlands sich dem Bündnis der Athener anschlossen und sich diese als Führer gegen die Barbaren wählten.

3 (1) Um diese umso leichter zurückzuschlagen, wenn sie zufällig versuchten, den Krieg zu erneuern, wurde Aristeides gewählt, der bestimmen sollte, wie viel Geld jeder Staat zum Bau der Flotte und zur Ausrüstung des Heeres geben solle, und nach seiner Entscheidung sind jährlich 460 Talente in Delphi zusammengebracht worden; denn sie wollten, dass dies die Bundeskasse sei. Dieses ganze Geld ist in späterer Zeit nach Athen gebracht worden. (2) Von welcher Uneigennützigkeit dieser (Mann) gewesen ist, (dafür) gibt es keinen sicheren Beweis, als dass er, obwohl er so wichtige Ämter verwaltete [so bedeutende Unternehmungen leitete], in so großer Armut gestorben ist, dass er, als er beerdigt wurde, kaum etwas hinterlassen hat. (3) Daher kam es, dass seine Töchter auf Staatskosten unterhalten wurden und sie mit einer aus der Bundeskasse gegebenen Mitgift verheiratet wurden. Er starb aber ungefähr vier Jahre, nachdem Themistokles aus Athen verbannt worden war.

IV. Pausanias

1 (1) Pausanias aus Sparta war ein bedeutender Mann, doch in jeder Lebenslage wankelmütig. Denn wie er sich durch seine Tugenden auszeichnete, so ist er von seinen Lastern erdrückt worden. (2) Seine bedeutendste Tat ist die Schlacht bei Plataeae. Denn unter seiner Führung wurde Mardonios, ein königlicher Satrap, von seiner Abstammung her ein Meder, der Schwiegersohn des Königs, besonders von allen Persern sowohl persönlich tapfer als auch einsichtig, zusammen mit 200000 Fußsoldaten, die er Mann für Mann [einzeln] aufgewählt hatte, und 20 Reitern durch die nicht eben große Schar Griechenlands in die Flucht geschlagen, und in dieser Schlacht fiel der Feldherr selber. (3) Auf diesen Sieg stolz, begann er sehr große Verwirrung anzurichten und (noch) Größeres zu wünschen. Doch zuerst wurde er darin [deswegen] getadelt, dass [weil] er Delphi aus der Beute einen goldenen Dreifuß mit einem eingravierten Epigramm geweiht hatte, bei dem Folgendes der Inhalt war: Unter seiner Führung seien die Barbaren bei Plataeae vernichtet worden und dieses Sieges wegen habe er Apoll das Geschenk geweiht. (4) Diese Verse meißelten die Spartaner aus und schrieben nur die Namen der Staaten, mit deren Hilfe die Perser besiegt worden waren.

2 (1) Nach dieser Schlacht schickten sie denselben Pausanias mit der gemeinsamen Flotte [Bundesflotte] nach Zypern und zum Hellespont, damit er die Besatzungen der Barbaren aus diesen Gebieten vertreibe. (2) Da er auch dabei ähnliches Glück hatte, begann er sich übermütiger aufzuführen und nach Größerem zu trachten. Denn als er nach der Eroberung von Byzanz mehrere vornehme Perser gefangen genommen hatte und unter ihnen einige Verwandte des Königs, schickte er diese heimlich dem Xerxes zurück, indem er vorgab, sie seien aus dem Staatsgefängnis entflohen, und mit ihnen Gongylos aus Eretria, der dem König einen Brief überbringen sollte, in dem Folgendes geschrieben stand, wie Thukydides überliefert: (3) „Pausanias, der Anführer Spartas, schickte dir die (Leute), die er in Byzanz gefangen genommen hatte, nachdem er erfahren hatte, dass sie deine Verwandten sind, als Geschenk und wünscht, sich mit dir durch Verwandtschaft zu verbinden. Wenn es dir daher gut scheint, gib ihm deine Tochter zur Frau. (4) Wenn du dies getan hast, verspricht er dir, dass er das übrige Griechenland mit deiner Unterstützung unter deine Macht bringen wird. Wenn du willst, dass etwas diesbezüglich getan wird [wenn du dies getan wissen willst], dann schick einen zuverlässigen Mann, mit dem er reden kann." (5) Da der König sich über die Rettung der ihm so nahe Verbundenen sehr freute, schickt er unverzüglich Artabazos mit einem Brief zu Pausanias, in dem er ihn sehr lobt. Er bittet, er solle nichts unversucht lassen [alles daransetzen], das zu erreichen, was er verspreche. Wenn er es durchgesetzt habe, werde er keine Zurückweisung [abschlägige Antwort] in dieser Sache erhalten. (6) Nachdem Pausanias seinen guten Willen erkannt hatte, wurde er, noch stürmischer, die Angelegenheit auszuführen, den Spartanern verdächtig. Aufgrund dieser Tat nach Hause zurückgerufen, wird er zum Tode verurteilt, freigesprochen, dennoch mit Geld bestraft. Deshalb ist er nicht zu der Flotte zurückgeschickt worden.

3 (1) Doch jener kehrte nicht viel später eigenmächtig zum Heer zurück und eröffnete dort nicht auf schlaue, sondern auf törichte Weise seine Absichten. Denn nicht nur die Sitten der Väter, sondern auch seine Lebensweise und seine Kleidung hat er geändert. (2) Er genoss königliche Pracht und (trug) modische Tracht; als Leibwächter folgten ihm Meder und Ägypter; er speiste nach Art der Perser verschwenderischer als die, die anwesend waren [die Anwesenden], es ertragen konnten. (3) Er gewährte den Bittenden nicht den Zutritt zu einer Zusammenkunft [die Erlaubnis zu einer Audienz], antwortete hochmütig und herrschte grausam. Er wollte nicht nach Sparta zurückkehren. Er hatte sich nach Kolonai begeben, dieser Ort lag im Gebiet von Troja. Dort fasste er sowohl für sein Vaterland als auch für sich selbst ungünstige Pläne. (4) Nachdem die Spartaner dies erfahren hatten, schickten sie Gesandte mit einem Stab zu ihm, auf dem nach ihrer Sitte geschrieben war: Wenn er nicht nach Hause zurückkehre, werde man ihm zum Tod verurteilen. (5) Durch diese Nachricht bewogen [Auf diese Nachricht hin], kehrte er in der Hoffnung, er könne auch die drohende Gefahr auch dann (noch) durch Geld und Macht abwenden, nach Hause zurück. Als er dorthin kam, wurde er von den Ephoren ins Staatsgefängnis geworfen; denn nach ihren Gesetzen ist es jedem beliebigen Ephoren erlaubt, dies dem König anzutun. Dennoch befreite er sich von hier und war aber um nichts mehr frei von Verdacht [war jedoch keineswegs frei von Verdacht]. Dennoch blieb die Meinung (bestehen), dass er mit dem König ein Bündnis habe. (6) Es gibt eine Klasse Menschen, die Heloten genannt wird, von denen eine große Menge die Äcker der Spartaner bebaut und Sklavenarbeit verrichtet. (7) Man glaubte, dass er auch diese durch die Hoffnung auf Freiheit aufhetzte. Doch weil es hierfür keine offenkundige Beschuldigung gab, nach der er hätte überführt werden können, glaubten sie nicht, man dürfe über einen so bedeutenden und so berühmten Mann auf Verdachtsgründe hin urteilen, und man müsse warten, bis die Angelegenheit sich selbst aufkläre.

4 (1) Als inzwischen ein junger Mann aus Argilos, den Pausanias als Jungen mit unzüchtiger Liebe geliebt hatte, einen Brief von ihm an Artabazos erhalten hatte und ihm der Verdacht gekommen war, dass darin etwas über ihn geschrieben sei, weil niemand von denen zurückgekehrt war, die in einer solchen Sache dorthin geschickt worden waren, löste er die Bänder des Briefes und erkannte an dem abgezogenen Siegel, dass er, wenn er ihn überbracht hätte, umkommen müsse. (2) Es standen in dem Brief auch Mitteilungen, die sich auf das bezogen, was zwischen dem König und Pausanias vereinbart worden war. Diesen Brief übergab jener den Ephoren. (3) Die Bedächtigkeit der Spartaner darf an dieser Stelle nicht übergangen werden. Denn nicht einmal durch seine Anzeige wurden sie dazu gebracht, Pausanias zu ergreifen, und glaubten, nicht eher Gewalt anwenden zu dürfen, als bis er sich selber angezeigt hätte. Daher befahlen sie diesem Anzeiger, was sie getan wissen wollten. (4) Es gibt ein Heiligtum des Neptun auf Tainaron, das zu verletzen die Griechen für Frevel halten. Dorthin flüchtete sich jener und setzte sich auf den Altar. Neben diesem hatten sie eine Grube unter der Erde gemacht, von der man hören konnte, wenn einer etwas mit dem (Jungen) aus Argilos besprach. (5) Hierhin stiegen einige von den Ephoren herab. Als Pausanias hörte, der (Junge) aus Argilos habe sich auf den Altar geflüchtet, kam er beunruhigt dorthin. Als er diesen auf dem Altar sitzend als Schützling des Gottes sah, fragte er ihn, was der Grund für seinen plötzlichen Entschluss sei. Ihm eröffnet jener, was er aus dem Brief erfahren hatte. (6) Nur (noch) mehr beunruhigt begann Pausanias zu bitten, es nicht auszuplaudern und dem nicht zu verraten, der sich so sehr um ihn verdient gemacht habe: Wenn er ihm diese Gewähr gegeben habe und ihm, der in so große Verlegenheit verwickelt sei, geholfen habe, werde es ihm zu großem Lohn gereichen [reichen Lohn bringen].

5 (1) Als die Ephoren dies erfahren hatten, hielten sie es für besser, ihn in der Stadt zu ergreifen. Als sie dorthin aufgebrochen waren und Pausanias nach, wie er glaubte, Besänftigung des (Jungen) aus Argilos nach Sparta zurückkehrte, erkannte er auf dem Weg, als es schon so weit war, dass er ergriffen werden sollte, aus dem Gesichtsausdruck der Ephoren, der wünschte, dass man ihn warne, dass ihm eine Falle gestellt sei. (2) Daher flüchtete er sich wenige Schritte früher, als sie ihm folgten, in den Tempel der Minerva, die Chalkioikos [die im ehernen Haus Wohnende] gerufen wird. Damit er von hier nicht entkommen konnte, verrammelten die Ephoren sogleich die Türflügel dieses Tempels und zerstörten das Dach, damit er umso schneller unter freiem Himmel umkomme. (3) Zu dieser Zeit soll die Mutter des Pausanias (noch) gelebt haben und sie habe, obwohl schon hochbetagt, nachdem sie von dem Verbrechen des Sohnes erfahren hatte, unter den Ersten einen Stein zum Eingang des Tempels gebracht, um den Sohn einzuschließen. (4) Als dieser halbtot aus dem Tempel getragen wurde, hat er sogleich seinen Geist ausgehaucht. So hat Pausanias den großen Königsruhm mit einem so schändlichen Tod befleckt. (5) Als einige sagten, der Leichnam dieses Toten müsse eben dort begraben werden, wo die, die hingerichtet worden waren, (begraben werden), missfiel es mehreren und sie verscharrten ihn weit von dem Ort entfernt, wo er gestorben war. Von da wurde er später auf eine Antwort des delphischen Gottes ausgegraben und an demselben Ort begraben, wo er gestorben war.

V. Kimon

1 (1) Kimon, der Sohn des Miltiades, aus Athen, hatte anfangs eine sehr harte Jugend. Denn da sein Vater die festgesetzte Strafsumme dem Volk nicht hatte zahlen können und deswegen im Staatsgefängnis gestorben war, wurde Kimon in derselben Haft gehalten und konnte nach den Gesetzen der Athener nicht freigelassen werden, wenn er nicht das Geld, mit dem der Vater bestraft worden war, gezahlt hatte. (2) Er hatte aber seine leibliche Schwester zur Frau genommen, mit Namen Elpinike, nicht mehr aus Liebe als der Sitte nach, denn den Athenern ist es erlaubt, Töchter von demselben Vater zu heiraten. (3) Auf die Ehe mit ihr war auch ein Kallias begierig, nicht so adlig wie vermögend, der viel Geld aus den Bergwerken verdient hatte, und verhandelte mit Kimon, ihm diese zur Gattin zu geben: Wenn er dies erreicht habe, werde er für jenen das Geld bezahlen. (4) Da jener eine solche Bedingung verschmähte, erklärte Elpinike, sie werde nicht zulassen, dass ein Nachkomme des Miltiades im Staatsgefängnis umkomme, da sie es verhindern könne, und sie werde Kallias, wenn er das, was er versprach, erfüllt habe, heiraten.

2 (1) Auf solche Weise aus der Haft befreit, gelangte Kimon schnell an die erste Stelle [Führerschaft]. Er besaß nämlich genügend Beredsamkeit, höchste Freigebigkeit und große Erfahrung sowohl im bürgerlichen Recht als auch ganz besonders im Kriegswesen, weil er sich von Jugend auf mit dem Vater zusammen bei den Heeren aufgehalten hatte. Daher hatte dieser einerseits das städtische Volk in seiner Macht und galt andererseits beim Heer aufgrund seines Ansehens sehr viel. (2) Zum ersten Mal Feldherr [Als er zum ersten Mal Feldherr war], schlug er am Fluss Strymon große Truppen der Thraker in die Flucht, gründete die Stadt Amphipolis und schickte 10000 Athener dorthin in die Kolonie. Derselbe besiegte zum zweiten Mal (Feldherr) bei Mykale die Flotte von 200 Schiffen der Zyprier und Phoenizier und nahm sie gefangen, am selben Tag nutzte er ein ähnliches Glück (auch) zu Lande. (3) Denn nachdem er die Schiffe der Feinde gekapert hatte, führte er seine Truppen sogleich vom Schiff herunter und streckte die größte Streitmacht der Feinde durch einen einzigen Angriff nieder. (4) Als er, nachdem er sich durch diesen Sieg großer Beute bemächtigt hatte, nach Hause zurückkehrte, bestärkte er, weil schon einige Inseln wegen der Strenge des Oberbefehls abgefallen waren, die Wohlgesonnen und zwang die abtrünnig Gewordenen, zu ihrer Pflicht zurückzukehren. (5) Skyros, das zu dieser Zeit die Doloper bewohnten, hat er, weil sie sich zu widerspenstig aufführten, entvölkert, die alten Besitzer aus der Stadt und von der Insel vertrieben und ihre Äcker an die Bürger verteilt. Die auf ihren Reichtum bauenden Thasier hat er bei seiner Ankunft gebrochen. Von dieser Kriegsbeute wurde die Burg von Athen [Akropolis], wo sie sich nach Süden neigt, geschmückt.

3 (1) Da er sich durch diese Tat am allermeisten im Staat auszeichnete [er in größtem Ansehen stand], fiel er in dieselbe Missgunst wie sein Vater und die übrigen Anführer der Athener. Denn er ist durch das Scherbengericht, das jene „Ostrakismos" nennen, mit einer Verbannung für zehn Jahre bestraft worden. (2) Diese Tat reute die Athener schneller als ihn selbst. Denn als jener festen Herzens vor dem Neid seiner undankbaren Mitbürger gewichen war [weggegangen war], und die Spartaner den Athenern Krieg erklärt hatten, stellte sich unverzüglich der Wunsch nach seiner bekannten Tüchtigkeit ein. (3) Daher ist er nach dem fünften Jahr, das er verbannt war, in die Heimatstadt zurückgerufen worden. Weil jener die Gastfreundschaft der Spartaner genoss [mit den Spartanern in Gastfreundschaft stand], brach er, im Glauben, Sparta kämpfe vorteilhafter, freiwillig auf und vermittelte zwischen den zwei mächtigen Staaten den Frieden. (4) Später, aber nicht so viel, wurde er als Feldherr mit 200 Schiffen nach Zypern geschickt, als er den größten Teil dieser Insel besiegt hatte, ist er in eine Krankheit verfallen und starb in der Stadt Kition.

4 (1) Diesen vermissten die Athener nicht nur im Krieg, sondern auch im Frieden lange. Er war nämlich von so großer Freigebigkeit, dass er, da er an mehreren Orten Landgüter und Gärten besaß, niemals einen Wächter auf ihnen aufstellte, um die Früchte zu bewachen, damit keiner gehindert werde, das, was jeder verlange, zu genießen. (2) Immer folgten ihm Diener mit Geldstücken, um, wenn einer seiner Hilfe bedurfte, (etwas) zu haben, was er sofort geben konnte, damit es nicht schien, er schlage es durch sein Aufschieben ab. Oft gab er, wenn er sah, dass einer vom Glück benachteiligt, weniger gut gekleidet war, seinen Mantel. (3) Täglich wurde das Essen so für ihn gekocht, dass er (die), die er uneingeladen auf dem Marktplatz gesehen hatte, alle einladen konnte; was zu tun er an keinem Tag unterließ. Keinem mangelte sein Schutz, keinem sein Beistand, keinem sein Vermögen; sehr viele hat er bereichert, mehrere arme Verstorbene, die nichts hinterlassen hatten, von dem sie beerdigt werden konnten, auf seine Kosten bestattet. (4) Dadurch, dass es sich so verhielt, ist es keineswegs verwunderlich, wenn sowohl sein Leben ruhig als auch sein Tod bitter war.

VI. Lysander

1 (1) Lysander aus Sparta hinterließ einen großen Ruhm von sich, (allerdings) mehr durch Glück als durch Tapferkeit erworben. Dass die Athener nämlich, die im 26. Jahr gegen die Peloponnesier Krieg führten, (diesen) beendet haben, ist klar. (2) Auf welche Art (und Weise) er dies erreicht hat, ist [liegt] nicht verborgen. Denn nicht durch die Tapferkeit ihres Heeres, sondern durch die Maßlosigkeit der Gegner kam es (dazu), die, weil sie ihren Feldherren nicht aufs Wort gehorchten, sich auf den Äckern zerstreut hatten, nachdem sie ihre Schiffe zurückgelassen hatten, und (dabei) in die Gewalt der Feinde kamen. Nach dieser Tat [Daraufhin] ergaben die Athener sich den Spartanern. (3) Auf diesen Sieg stolz gab Lysander, da er schon vorher immer ränkesüchtig und frech gewesen war, sich so nach [seiner Leidenschaft hin, ließ sich gehen], dass die Spartaner durch sein Zutun in den größten Zorn Griechenlands gerieten. (4) Denn obwohl die Spartaner oft behauptet hatten, dies sei für sie der Kriegsgrund, dass sie die maßlose Herrschaft der Athener brechen wollten, hatte Lysander, nachdem er sich am Ziegenfluss der Flotte der Feinde bemächtigt hatte, nichts anderes beabsichtigt, als alle Staaten in seiner Gewalt zu haben, obschon er vorgab, er mache das der Spartaner wegen. (5) Denn nachdem von allen Seiten (die), die auf Seiten der Athener gestanden hatten, vertrieben waren, wählte er zehn in jedem Staat, denen er den Oberbefehl und die Macht über alle Angelegenheiten übertrug. Unter die Zahl dieser wurde niemand zugelassen, wenn er nicht durch Gastfreundschaft mit ihm verbunden war oder eidlich gelobt hatte, dass er ihm ganz zu eigen [Diensten] sein werde.

2 (1) Nachdem so die aus zehn Männern bestehende Regierung in allen Städten eingerichtet war, führten sie alles nach seinem Willen aus. Über seine Grausamkeit und Treulosigkeit ist es genug, eine Sache beispielshalber anzuführen, um die Leser nicht durch Aufzählung weiterer Fälle von demselben zu ermüden. (2) Als er als Sieger aus Asien zurückkehrte und einen Abstecher nach Thasos gemacht hatte, wünschte er, weil dieser Staat den Athenern gegenüber besonders treu gewesen war – gerade, als ob nicht eben dieselben gewöhnlich die stärksten [besten] Freunde sind, die standhaft Feinde gewesen waren –, sie zu vernichten. (3) Er sah aber, dass es, wenn er dabei seine Absicht nicht verborgen hätte, (dazu) kommen werde, dass die Thasier sich zerstreuen und auf ihre Sicherheit bedacht sein würden. [Daher versprach er denen, von denen er meinte, sie seien Verbündete der Athener, dass er sie schonen werde; doch als diese Verborgenen an die Öffentlichkeit gegangen waren, ließ er sie von seinen Soldaten ergreifen und töten.]

3 (1) Daher haben die Spartaner jene von ihm eingesetzte Macht der zehn Männer aufgehoben. Durch diese Kränkung erzürnt [Aus Wut darüber] fasste er den Plan, die Könige der Spartaner abzuschaffen. Doch er merkte, dass er das nicht ohne Hilfe der Götter machen könne, weil die Spartaner alles den Orakeln vorzulegen pflegten. (2) Zuerst versuchte er, das (delphische) Orakel zu bestechen. Als er das nicht vermocht hatte, versuchte er es mit dem von Dodona. Auch von hier zurückgewiesen, sagte er, er habe ein Gelübde auf sich genommen, das er dem Jupiter von Hammon erfüllen wolle, im Glauben, er werde die Athener leichter bestechen. (3) Als er in dieser Hoffnung nach Afrika gereist war, enttäuschten ihn die Vorsteher des Tempels nicht. Denn sie konnten nicht nur nicht bestochen werden, sondern schickten Gesandte nach Sparta, die Lysander anklagen sollten, dass er versucht habe, die Priester des Heiligtums zu bestechen. (4) Auf diese Beschuldigung hin angeklagt, wurde er durch die Urteilssprüche der Richter freigesprochen, den Orchomeniern zu Hilfe geschickt und von den Thebanern bei Haliartos getötet. (5) Wie wahr über ihn geurteilt war, (dazu) dient die Rede als Beweis, die nach seinem Tod in seinem Haus gefunden wurde, in der er den Spartanern rät, dass nach Beseitigung der königlichen Macht aus allen ein Führer für die Kriegsführung gewählt werde, sie war jedoch so geschrieben, dass sie mit der Meinung der Götter übereinzustimmen schien, die jener, woran er im Vertrauen auf sein Geld nicht zweifelte, erhalten werde. Diese soll ihm Kleon aus Halikarnassos geschrieben haben.

4 (1) An dieser Stelle aber darf die Tat des Pharnabazos, eines königlichen Satrapen, nicht übergangen werden. Denn als Lysander als Befehlshaber der Flotte im Krieg vieles grausam und habgierig getan hatte und vermutete, hierüber sei (etwas) an die Bürger gemeldet worden, bat er Pharnabazos, ihm ein Zeugnis für die Ephoren zu geben, mit wie großer Gewissenhaftigkeit er Krieg geführt und die Bundesgenossen behandelt habe, und hierüber genau [eingehend] zu schreiben. Sein Einfluss dabei werde nämlich groß sein. (2) Jener verspricht es ihm gern [bereitwillig]. Er verfasste eine umfangreiche Schrift mit vielen Worten, in denen er ihn mit den höchsten Lobsprüchen erhebt. Als er diese gelesen und gebilligt hatte, schob er, während er sie siegelte, eine andere von ähnlichem Umfang und so großer Ähnlichkeit unter, dass man sie nicht unterscheiden konnte, in der er sehr genau seine Habgier und seine Treulosigkeit angeklagt hatte. (3) Als Lysander darauf nach Hause zurückgekehrt war, gab er, nachdem er bei den obersten Behörden über seine Taten gesprochen hatte, was er gewollt hatte, anstelle des Zeugnisses die von Pharnabazos gegebene Schrift. Als die Ephoren sie, nachdem sie Lysander hatten abtreten lassen, eingesehen hatte, gaben sie es ihm selbst zu lesen. So war jener unwissend [ohne es zu wissen] sein eigener Ankläger.

VII. Alkibiades

1 (1) Alkibiades, der Sohn des Kleinias, aus Athen. An diesem scheint die Natur versucht zu haben, was sie sich leisten kann. Es steht nämlich unter allen, die der Nachwelt über ihn überliefert haben, fest, dass nichts Herausragender als jener gewesen ist, weder in Lastern noch in Tugenden. (2) Geboren im mächtigsten Staat, aus einem sehr vornehmen Geschlecht, von allen seines Alters der weitaus Schönste, bei allem geschickt, voll klugen Rates – denn er war zu Wasser und zu Lande der höchste Befehlshaber [Oberbefehlshaber] –, beredt, so dass er besonders durch Reden wirkte [als Redner Einfluss hatte], weil das Einnehmende seiner Stimme und Rede so groß war, dass ihm niemand widerstehen konnte; (3) reich, wenn die Zeit(-umstände) es erforderte(n), arbeitsam, ausdauernd, nicht weniger im Lebenswandel freigebig als in der (privaten) Lebensweise; leutselig, gewinnend, sich den Zeitumständen äußerst schlau fügend. (4) Derselbe zeigte sich, sobald er sich hatte gehen lassen und kein Grund vorhanden war, weshalb er geistige Anstrengung ertragen sollte, verschwenderisch, zügellos, genusssüchtig und unbesonnen, so dass alle sich wunderten, dass an einem einzigen Mann eine so große Verschiedenheit und eine so unterschiedliche Wesensart sei.

2 (1) Aufgezogen wurde er im Haus des Perikles – er soll nämlich sein Stiefsohn gewesen sein –, erzogen von Sokrates. Zum Schwiegervater hatte er Hipponikos, den Reichsten von allen, die die griechische Sprache sprachen, so dass er, wenn er es selbst hätte ersinnen wollen, sich weder mehr Güter hätte ausdenken noch Größeres hätte erreichen können, als die ihm entweder die Natur oder das Glück zuteilte. (2) In seiner frühen Jugend wurde er von vielen nach der Sitte der Griechen geliebt, unter ihnen von Sokrates, den Platon in seinem „Symposion" erwähnt. Denn er hat ihn eingeführt, wie er erwähnt, er habe zusammen mit Sokrates übernachtet und habe sich nicht anders von ihm erhoben, wie ein Sohn sich von seinem Vater (erheben) müsse. (3) Nachdem er kräftiger geworden war, liebte er nicht weniger viele, bei der Liebe zu diesen machte er, soweit dies bei Anstößigem erlaubt ist, vieles auf eine feine und witzige Weise. Dies würden wir berichten, wenn wir nicht Bedeutenderes für wichtiger hielten.

3 (1) Im Peloponnesischen Krieg erklärten die Athener auf seinen Rat und aufgrund seines Ansehens den Syrakusanern den Krieg. Um diesen zu führen, wurde er selbst zum Feldherrn gewählt, zwei

Kollegen wurden ihm außerdem gegeben, Nikias und Lamachos. (2) Als dieser vorbereitet wurde, geschah es, dass in einer Nacht, bevor die Flotte auslief, alle Hermen, die in der Stadt Athen waren, umgestürzt wurden außer einer, die vor der Tür des Andokides stand. Daher wurde jene (Herme) später Merkur des Andokides genannt. (3) Als es offenbar war, dass dies nicht ohne große Übereinstimmung vieler geschehen war, die sich nicht nur auf eine private, sondern auch auf eine öffentliche Angelegenheit erstreckte, ist der Menge große Furcht eingeflößt worden, dass eine plötzliche Gewalt im Staat entstehe, die die Freiheit des Volkes unterdrücke. (4) Dies schien besonders bei Alkibiades zusammenzukommen, weil er für mächtiger und bedeutender als ein Privatmann gehalten wurde. Viele hatte er nämlich durch (seine) Freigebigkeit an sich gefesselt, mehr noch durch seine gerichtliche Tätigkeit zu den Seinen gemacht [für sich gewonnen]. (5) Dadurch kam es, dass er die Augen aller, sooft er auch an die Öffentlichkeit ging, auf sich zog und ihm keiner gleichgestellt wurde [keiner gleich geachtet wurde]. Daher setzten sie nicht nur größte Hoffnung auf ihn, sondern Furcht, weil er sowohl sehr schaden als auch nützen konnte. (6) Er wurde auch mit übler Nachrede bespritzt, dass er in seinem Haus die Mysterien nachahmen sollte [angeblich nachahme]. Dies war nach der Sitte der Athener ein Frevel. Man glaubte, dass dies nicht zum Gottesdienst, sondern zu einer Verschwörung gehöre.

4 (1) Auf diese Beschuldigung hin wurde er von seinen Feinden in der Volksversammlung zur Rede gestellt. Doch die Zeit drängte, zum Krieg aufzubrechen. Indem jener dies in Betracht zog und da er die Gewohnheit seiner Mitbürger sehr genau kannte, forderte er, wenn einer gegen ihn gerichtlich vorgehen wolle, solle lieber eine Untersuchung über ihn in seiner Gegenwart abgehalten werden, als dass er während seiner Abwesenheit der Anschuldigung des Neides angeklagt werde. (2) Seine Feinde aber beschlossen, sich für den Augenblick ruhig zu verhalten, da sie einsahen, dass ihm nicht geschadet werden könne, und jene Zeit abzuwarten, zu der jener fortgegangen sei, um ihn während seiner Abwesenheit anzugreifen. (3) Denn als sie glaubten, er sei nach Sizilien gelangt, klagten sie ihn während seiner Abwesenheit an, dass er das Heilige verletzt habe [die Religion verspottet habe]. Als ihm darüber von der Behörde eine Nachricht nach Sizilien geschickt worden war, nach Hause zurückzukehren, um sich vor Gericht zu verteidigen, und er in großer Hoffnung war, seine Aufgabe gut auszuführen, wollte er nicht nicht gehorchen [nicht ungehorsam sein] und bestieg einen Dreiruderer, der geschickt worden war, um ihn heimzubringen. (4) Auf diesem nach Thurioi in Italien gelangt, entfernte er sich, indem er bei sich viel über die maßlose Willkür seiner Mitbürger den Vornehmen gegenüber nachdachte und im Glauben war, es sei das Nützlichste, den drohenden Sturm zu meiden, heimlich von den Wächtern und kam von da zuerst nach Elis, dann nach Theben. (5) Nachdem er aber gehört hatte, er sei unter Beschlagnahmung seiner Güter zum Tode verurteilt und, was vorkommt, dass die Priester aus dem Eumolpidengeschlecht vom Volk gezwungen worden seien, ihn zu verwünschen, und dass, damit die Erinnerung (daran) umso mehr beglaubigt sei, ein Beispiel dieser Verfluchung in die steinernen Pfeiler gemeißelt und öffentlich aufgestellt sei, zog er nach Sparta um. (6) Dort führte er, wie er selbst offen zu erklären pflegte, nicht gegen sein Vaterland, sondern gegen seine Feinde Krieg, weil sie demselben Staat feindlich (gesinnt) seien. Denn obwohl sie einsahen, dass er dem Staat sehr viel nützen könne, hätten sie ihn aus diesem herausgetrieben und hätten sich mehr von ihrem Zorn als von dem gemeinsamen Nutzen leiten lassen. (7) Daher schlossen die Spartaner auf seinen Rat Freundschaft mit dem persischen König, dann befestigten sie Dekeleia in Attika und hielten durch eine ständig aufgestellte Besatzung Athen im Belagerungszustand. Durch das Zutun desselben verleiteten sie Ionien zum Abfall vom Bündnis mit den Athenern. Dadurch begannen sie im Krieg weitaus mächtiger zu sein.

5 (1) Aber durch diese Dinge wurden sie dem Alkibiades nicht so freundschaftlich gesinnt als sie durch Furcht von ihm entfremdet wurden. Denn als sie die überragende Klugheit des überaus eifrigen Mannes bei allem kennenlernten, fürchteten sie sehr, dass er, von der Liebe zum Vaterland geleitet, einmal von ihnen abfallen und sich mit den Seinen aussöhnen könnte. (2) Daher nahmen sie sich vor, einen Zeitpunkt zu suchen, ihn zu töten. Dies konnte dem Alkibiades nicht länger verheimlicht werden. Er war nämlich von einem derartigen Scharfsinn, dass er nicht getäuscht werden konnte, zumal er seine Aufmerksamkeit darauf gerichtet hatte, sich in Acht zu nehmen. Daher begab er sich zu Tissaphernes, dem Statthalter des Königs Dareios. (3) Als er in vertrauteste Freundschaft mit ihm gekommen war [sehr eng mit ihm befreundet war] und sah, dass die Macht der Athener, da sie ihre Sache in Sizilien schlecht ausgeführt hatten, abnahm und die der Spartaner zunahm, spricht er zu Anfang mit dem Kommandanten Peisandros, der bei Samos ein Heer hatte, durch Vermittler und erwähnt seine Rückkehr. Er war nämlich von derselben Gesinnung wie Alkibiades, der Macht des Volkes nicht wohlgesinnt und ein Gönner der Optimaten. (4) Von diesem enttäuscht, wird er zunächst durch Thrasybulos, Sohn des Lykos, vom Heer wieder aufgenommen und wird Kommandant bei Samos; später wird er auf Befürwortung des Theramenes durch Volksbeschluss zum Befehlshaber ernannt. (5) Unter ihrem Oberbefehl ereignete sich ein derartiger Umschwung der Verhältnisse, dass die Spartaner, die wenig zuvor als Sieger mächtig geworden waren, in Schrecken versetzt um Frieden baten. Sie waren nämlich in fünf Landschlachten und in drei Seeschlachten besiegt worden, bei denen sie 200 Schiffe verloren hatten, die gekapert in die Gewalt der Feinde geraten waren. (6) Alkibiades hatte zugleich mit seinen Amtsgenossen Ionien wiedergewonnen, den Hellespont und außerdem viele griechische Städte, die an der Küste Asiens gelegen waren, von denen sie mehrere erobert hatten, unter ihnen Byzanz, und nicht weniger viele durch die Klugheit ihrer Freundschaft angeschlossen [auf ihre Seite gebracht], weil sie den Gefangenen gegenüber mit Milde verfahren sind [mild verfahren sind]. (7) So mit Beute beladen, kamen sie nach Bereicherung des Heeres und nach Ausführung sehr bedeutender Taten nach Athen.

6 (1) Als ihnen die ganze Bürgerschaft nach Piraeus entgegengekommen war, war die Erwartung aller so groß, Alkibiades zu suchen, dass die Menge zu seinem Dreiruderer strömte, gerade so, als ob er allein gekommen wäre. (2) Denn so war das Volk überzeugt, sowohl das frühere Unglück als auch das gegenwärtige Glück sei durch sein Zutun gekommen. Daher schrieben sie sowohl den Verlust Siziliens als auch die Siege der Spartaner ihrer Schuld zu [rechneten sich als

Schuld an], dass sie einen Derartigen aus ihrer Stadt getrieben hätte. Und dies schienen sie nicht ohne Grund zu glauben. Denn nachdem er begonnen hatte, das Heer zu kommandieren, hatten ihnen die Feinde weder zu Wasser noch zu Lande gewachsen sein können. (3) Als dieser das Schiff verließ, geleiteten ihn, obwohl Theramenes und Thrasybulos dieselben Angelegenheiten geleitet hatten und gleichzeitig nach Piraeus gekommen waren, dennoch alle jenen allein, und er wurde, was niemals zuvor vorgekommen war außer bei den Siegern von Olympia, mit goldenen und bronzenen Kränzen von der Menge beschenkt. Jener nahm unter Tränen das so große Wohlwollen seiner Mitbürger an, indem er sich an die Herbheit [herbe Enttäuschung] früherer Zeit erinnerte. (4) Nachdem er in die Stadt gekommen war, sprach er nach Einberufung der Volksversammlung so, dass niemand so hartherzig war, dass er sein Unglück nicht beweint und sich denen feindlich gesinnt gezeigt hat, durch deren Zutun er vertrieben worden war, gerade so, als ob ein anderes Volk, nicht jenes selbst, das damals weinte, ihn des Religionsfrevels verurteilt hätte. Daher wurden ihm seine Güter auf Staatskosten wiedergegeben, und jene selben Priester aus dem Eumolpidengeschlecht gezwungen, ihn wiederum vom Fluch zu befreien, die ihn verflucht hatten, und jene Pfeiler, auf die die Verfluchung geschrieben war, wurden ins Meer gestürzt.

7 (1) Diese Freude war dem Alkibiades nicht allzu lang andauernd. Denn als ihm alle Ehre zuerkannt waren und der ganze Staat ihm in Krieg und Frieden übergeben war, damit er nach dem Gutdünken eines Einzigen gelenkt werde, und er selbst gefordert hatte, dass ihm zwei Amtsgenossen gegeben werden, Thrasybulos und Adeimantos, und ihm dies nicht abgeschlagen worden war, brach er mit der Flotte nach Kleinasien auf, weil er bei Kyme die Sache weniger nach Wunsch ausgeführt hatte, fiel er in Missgunst [Ungnade], denn sie glaubten, dass er alles erreichen könne. (2) Daher kam es, dass sie ihm alles weniger glücklich Ausgeführte als Schuld anrechneten, indem sie sagten, er habe es entweder nachlässig oder in böser Absicht getan, so wie es sich ereignet hat. Denn sie beschuldigten ihn, er habe, vom König bestochen, Kyme nicht einnehmen wollen. (3) Daher glauben wir, dass für ihn die allzu hohe Meinung von seinen

Fähigkeiten sein größtes Unglück war. Er wurde nämlich nicht weniger gefürchtet als geliebt, damit er nicht stolz auf sein Glück und seine große Macht die Alleinherrschaft anstrebe. Dadurch kam es, dass sie ihm in seiner Abwesenheit sein Amt absprachen und einen anderen an seine Stelle setzten. (4) Sobald jener das gehört hatte, wollte er nicht nach Hause zurückkehren, begab sich nach Paktye und errichtete dort drei Festungen, Ornoi, Bizanthe und Neonteichos, betrat, nachdem er eine Schar gesammelt hatte, als Erster eines griechischen Staates das (Innere) Thrakiens, im Glauben, sich an der Beute der Barbaren ruhmvoller zu bereichern als an der der Griechen. (5) Dadurch hatte er sowohl an Ruf als auch ganz besonders an Macht gewonnen und sich große Freundschaft mit einigen Königen Thrakiens verschafft [enge Freundschaft geschlossen].

8 (1) Dennoch konnte er nicht von der Liebe zu seinem Vaterland lassen. Denn als Philokles, der Befehlshaber der Athener, seine Flotte am Ziegenfluss aufgestellt hatte, und Lysander, der Befehlshaber der Spartaner, nicht weit entfernt war, der damit beschäftigt war, den Krieg möglichst (lang) in die Länge zu ziehen, weil ihnen selbst vom (Groß-)König Geld geboten wurde, war den erschöpften Athenern dagegen außer Waffen und Schiffen nichts übrig. (2) Alkibiades kam zum Heer der Athener und begann dort in Gegenwart des (Kriegs-)Volkes zu verhandeln: Wenn sie wollten, (3) werde er Lysander zwingen zu kämpfen oder um Frieden bitten. Die Spartaner wollten deshalb nicht zu Schiff [zur See] kämpfen, weil sie mit ihren Truppen zu Lande stärker seien als durch ihre Hilfe [zu Schiff]. (4) Wenn Philokles auch merkte, dass dies wahr gesprochen war, wollte er dennoch die Forderungen nicht erfüllen, weil er merkte, dass er, wenn Alkibiades wieder eingesetzt sei, keine Bedeutung mehr beim Heer haben werde, und er, wenn etwas gut ausgegangen sei, keinen Anteil daran haben werde, dagegen, wenn etwas schlecht ausgegangen sei, er allein dieses Vergehens angeklagt werde. (5) Von ihm fortgehend [Im Fortgehen] sagte Alkibiades: „Da du ja gegen den Sieg des Vaterlandes kämpfst, warne ich davor, dass du neben dem Feind dein Schiffslager hast. Es besteht nämlich die Gefahr, dass dem Lysander durch die Disziplinlosigkeit eurer Soldaten Gelegenheit gegeben wird, euer Heer zu überfallen.“ (6) Und die Sache täuschte ihn nicht [Er täuschte sich darin nicht]. Denn als Lysander durch Kundschafter erfahren hatte, dass das (Kriegs-)Volk der Athener an Land gegangen sei, um Beute zu machen, und die Schiffe fast leer zurückgeblieben seien, ließ er die Zeit zu handeln nicht vorüberziehen und machte dem ganzen Krieg mit diesem Angriff ein Ende.

9 (1) Doch Alkibiades, nach dem Sieg über die Athener im Glauben, dieselbe Gegend sei nicht sicher genug, verbarg sich tief im Inneren Thrakiens oberhalb der Propontis, in der Hoffnung, dort könne sein Missgeschick am leichtesten verborgen werden. Fälschlich. (2) Denn nachdem die Thrakier gemerkt hatten, dass er mit viel Geld gekommen war, legten sie einen Hinterhalt; diese raubten (zwar) das, was er bei sich getragen hatte, konnten ihn selbst jedoch nicht fassen. (3) Jener ging, als er erkannte, dass kein Platz in Griechenland für ihn wegen der Macht der Spartaner sicher war, zu Pharnabazos nach Asien. Diesen jedenfalls nahm er durch seine Menschlichkeit so für sich ein, dass niemand ihn in der Freundschaft übertraf. Denn er hatte ihm das Gryneion gegeben, eine Festung in Phrygien, aus der er 50 Talente Einkünfte erhielt. (4) Mit diesem Los war Alkibiades nicht zufrieden und konnte es nicht ertragen, dass das besiegte Athen den Spartanern diente. Deshalb wurde er mit seinem ganzen Denken dazu getrieben [richtete sich all sein Trachten darauf], das Vaterland zu befreien. (5) Doch er sah, dass dies ohne den Perserkönig [Artaxerxes II.] nicht geschehen könne, und daher wünschte er sich ihm als Freund zu verbinden und zögerte nicht, dass er dies leicht erreichen werde, wenn er nur die Gelegenheit hätte, mit ihm zusammenzukommen. Denn er wusste, (dass) dessen Bruder Kyros ihm heimlich mit Unterstützung der Spartaner Krieg bereitete [zum Krieg gegen ihn rüstete]; wenn er dies aufgedeckt hätte, sah er, werde er sich großen Dank erwerben.

10 (1) Als er das betrieb und Pharnabazos bat, dass er zum König geschickt werde [geschickt zu werden], hatten Kritias und die übrigen Tyrannen der Athener zur selben Zeit zuverlässige Leute zu Lysander nach Asien geschickt, die ihn benachrichtigen sollten, wenn er Alkibiades nicht aus dem Weg räumte, werde keine von den Einrichtungen [nichts von der Verfassung] von Bestand sein, die er selbst in Athen eingerichtet habe. Daher würde er, wenn er wollte, dass seine Taten Bestand hätten, jene verfolgen. (2) Dadurch bewegt, beschloss der Spartaner [Lysander], er müsse sorgfältiger mit Pharnabazos verhandeln [schärfer gegen ihn auftreten]. Diesem meldete er zurück, was der König mit den Spartanern (vereinbart) habe, wenn er ihm Alkibiades nicht lebendig oder tot ausgeliefert habe. (3) Diesen [Lysander] ertrug der Satrap nicht und wollte lieber die Milde [des Benehmens] verletzen, als dass die Macht des Königs verringert werde. Daher schickte er Susamithres und Bagaios, um Alkibiades zu töten, als jener in Phrygien war und die Reise zum König vorbereitete. (4) Die Abgesandten geben heimlich der Nachbarschaft, in der Alkibiades sich damals befand, den Auftrag, ihn zu töten. Da jene es nicht wagten, ihn mit dem Schwert anzugreifen, trugen sie nachts Holz rings um die Hütte zusammen, in der er schlief, und zündeten sie an, um durch Feuer (den) zu töten, der, wie sie misstrauten, mit der Hand [durch einen offenen Angriff] (nicht) überwältigt werden könne. (5) Als jener aber durch das Prasseln des Feuers aufgeschreckt wurde, entriss er, obwohl ihm sein Schwert entwendet worden war, den Achseldolch seines Vertrauten. Denn bei ihm war ein Gastfreund aus Arkadien, der niemals von ihm hatte weggehen wollen. Dieser solle ihm folgen, befiehlt er und reißt, was gerade an Kleidern zur Hand war, an sich. Dadurch, dass diese in das Feuer geworfen worden waren, entging er der Gewalt [starken Glut] des Feuers. (6) Als die Barbaren sahen, dass er dem Brand entkommen war, töteten sie ihn mit aus der Ferne geschleuderten Waffen und brachten seinen Kopf zu Pharnabazos. Doch die Frau, die mit ihm zusammen zu leben pflegt, verbrannte den Toten, von ihrem Frauenkleid bedeckt, in den Flammen des Hauses, das angezündet worden war, um den Lebenden zu töten. So starb Alkibiades ungefähr 40 Jahre alt.

11 (1) Obwohl er von den meisten in Verruf gebracht worden ist, haben drei sehr gewichtige Historiker diesen mit höchsten Lobsprüchen erhoben, Thukydides, der von demselben Alter war, Theopompos, ein wenig später geboren, und Timaios. Diese beiden im Übrigen sehr Schmähsüchtigen stimmten auffallenderweise in dem Lob jenes einen überein. (2) Denn das, was wir oben geschrieben haben, rühmten sie an ihm und mehr (noch) als das: Obwohl er in Athen, dem glänzendsten Staat geboren war, habe er alle an Glanz und Würde [Pracht] übertroffen. (3) Nachdem er von dort vertrieben nach Theben gekommen war, habe er seinen Lieblingsbeschäftigungen so gedient [sie so eifrig betrieben], dass niemand ihm an Anstrengung und Körperkräften gleichkommen konnte. – Alle Boeotier betreiben nämlich mehr die Stärkung des Körpers als die Schärfung des Verstandes. (4) Derselbe habe sich bei den Spartanern, nach deren Sitten die höchste Tapferkeit in Ausdauer bestand, der Abhärtung so hingegeben, dass er an Sparsamkeit der Lebensführung und (Einfachheit) der Kleidung alle Spartaner übertraf. Er sei bei den Thrakern gewesen, dem Trunk ergebenen und den sexuellen Ausschweifungen ergebenen Leuten: Diese habe er auch darin übertroffen. (5) Er sei zu den Persern gekommen, bei denen es als höchstes Lob galt, tapfer auf die Jagd zu gehen und verschwenderisch zu leben. Ihre Gewohnheit habe er so nachgeahmt, dass jene selbst ihn darin am meisten bewunderten. (6) Dadurch habe er erreicht, dass er, bei wem auch immer er war, für den Ersten gehalten und sehr lieb gehabt wurde. Doch genug über ihn; wir wollen die Übrigen anfangen.

VIII. Thrasybulos

1 (1) Thrasybulos, Sohn des Lykos, aus Athen. Wenn die Tüchtigkeit (eines Mannes) an und für sich ohne das Glück zu beurteilen ist, zweifle ich, ob ich diesen nicht als den Ersten von allen setzen soll [möchte ich diesen wohl als Ersten von allen stellen]. Niemanden ziehe ich diesem an Treue, Charakterfestigkeit, Seelengröße und an Liebe zum Vaterland vor. (2) Denn weil viele das Vaterland von einem Tyrannen befreien wollten und (nur) wenige es vermochten, gelang es ihm, das von dreißig Tyrannen unterdrückte (Vaterland) aus der Knechtschaft in die Freiheit zu versetzen. (3) Doch sonderbarerweise übertrafen ihn, obwohl niemand ihn in diesen Tugenden übertraf, viele an Berühmtheit. Zunächst führte dieser im Peloponnesischen Krieg vieles ohne Alkibiades aus, jener (jedoch) nichts ohne diesen: Daraus zog jener durch eine gewisse angeborene Gabe Gewinn. (4) Doch all jenes ist den Feldherrn mit den (gemeinen) Soldaten gemeinsam und dem Glück, weil die Entscheidung im Kampfgewühl von der (geistigen) Überlegenheit auf die (körperlichen) Kraftanstrengungen der Kämpfenden übergeht. Daher beansprucht der Soldat mit vollem Recht einiges von dem Feldherrn, das Glück aber das meiste, und es kann sich wahrhaftig rühmen, dadurch mehr ausgerichtet zu haben als die Klugheit des Anführers. (5) Daher ist jene so glänzende [großartige] Tat das Verdienst des Thrasybulos. Denn als die dreißig Tyrannen, von den Spartanern eingesetzt, Athen durch Knechtschaft niedergedrückt hielten, sehr viele Bürger, die das Schicksal im Krieg verschont hatte, teils aus dem Vaterland vertrieben, teils getötet hatten und die zum Staatseigentum gemachten Güter sehr vieler unter sich aufgeteilt hatten, hat er ihnen nicht nur als Erster, sondern auch anfangs auch als Einziger den Krieg erklärt.

2 (1) Denn als dieser nach Phyle geflohen war, das ein stark befestigtes Kastell in Attika ist, hatte er nicht mehr als dreißig von seinen Leuten bei sich. Dies war der Anfang der Rettung für die Bewohner von Attika, dies war die Stütze der Freiheit für den hochberühmten Staat. (2) Und in der Tat wurden er und sein Alleinsein [seine winzige Schar] hier zuerst von den Tyrannen verachtet. Gerade dieser Umstand war jenen Verachtenden zum Verderben und für diesen Verachteten (aber) zum Wohl [brachte denen, die ihn verachteten, das Verderben, bedeutete für ihn, den Verachteten, die Rettung], dieser (Umstand) machte jene nämlich träge beim Verfolgen, diese aber, da Zeit zum (besseren) Ausrüsten gegeben war, (nur) stärker. (3) Umso mehr muss jene Vorschrift von allen beherzigt werden [in den Herzen aller sein], dass nichts im Krieg gering geschätzt werden (darf) und auch nicht ohne Grund gesagt werden darf: Die Mutter eines Vorsichtigen pflege nicht zu weinen [weine gewöhnlich nicht]. (4) Dennoch vergrößerte sich die Macht nicht der Erwartung des Thrasybulos gemäß; denn schon damals redeten die Gutgesinnten [Patrioten] in jenen Zeiten tapferer für die Freiheit, als dass sie dafür kämpften. (5) Von hier (Phyle) ging er nach Piraeus hinüber und befestigte Munychia. Diese versuchten die Tyrannen zweimal zu bestürmen, von dieser schändlich zurückgeschlagen, flohen sie sofort nach Verlust ihrer Waffen und ihres Gepäcks in die Stadt zurück. (6) Thrasybulos besaß nicht weniger Klugheit als Tapferkeit. Denn er verbot, dass sie auf dem Rückzug verwundet würden. – Dass ein Bürger nämlich die Bürger schone, hielt er für recht und billig. – Und einer wurde nur verwundet, wenn er als Erster angreifen wollte. Niemanden, der am Boden lag, beraubte er seiner Kleidung, berührte nichts außer den Waffen, die er brauchte und was zum Lebensunterhalt gehörte. (7) In der zweiten Schlacht fiel Kritias, der Anführer der Tyrannen, während er gerade sehr tapfer gegen Thrasybulos kämpfte.

3 (1) Nach dessen Sturz kam Pausanias, der König der Spartaner, den Attikern [Athenern] zu Hilfe. Dieser schloss zwischen Thrasybulos und denjenigen, die die Stadt besetzt hielten, unter folgenden Bedingungen Frieden: Dass keiner außer den dreißig Tyrannen und den zehn, die später zu Machthabern gewählt, der Sitte der früheren Grausamkeit gefolgt waren [mit der ehedem üblichen Grausamkeit verfahren waren], mit der Verbannung bestraft werden soll und ihre Güter nicht eingezogen werden sollen und die Verwaltung des Staates dem Volk wiedergegeben werden soll. (2) Hochberühmt ist auch Folgendes des Thrasybulos, dass es nach Wiederherstellung des Friedens, da er am meisten im Staat galt [das größte Ansehen hatte], ein Gesetz beantragte, dass keiner wegen früherer Vorkommnisse angeklagt und nicht bestraft werden sollte, dies [dieses Gesetz] nannten jene das der Vergessenheit [Amnestie]. (3) Und er ließ es [das Gesetz] nicht nur einbringen, sondern erreichte auch, dass es Geltung hatte. Denn als einer von denjenigen, die zusammen mit ihm in der Verbannung gewesen waren, ein Blutbad unter denjenigen anrichten wollten, mit denen man sich von Staats wegen ausgesöhnt hatte, verhinderte er es und leistete das, was er versprochen hatte [das Versprochene].

4 (1) Diesem wurde für seine so großen Verdienste die Ehrenkrone vom Volk gewährt, gefertigt aus zwei Ölbaumzweigen. Weil diese die Liebe der Mitbürger und nicht Gewalt erzwungen hatte, erweckte sie keinen Neid und war für ihn von großem Ruhm [brachte ihm großen Ruhm ein]. (2) Daher hat jener Pittakos, der unter die Zahl der sieben Weisen gezählt wurde, als die Mytilener ihm viele tausend Morgen Land schenken wollten, gut gesagt: „Gebt mir, ich bitte euch, das nicht, was [worum mich] viele beneiden, mehr noch begehren! Daher will ich von diesen nicht mehr als 100 Morgen, die sowohl meine Genügsamkeit als auch euren guten Willen zeigen." Denn kleine Geschenke pflegen beständig, reiche nicht beständig zu sein. (3) Mit jenem Kranz also zufrieden, verlangte Thrasybulos weder mehr noch glaubte er, dass ihn jemand an Ehre übertroffen habe. (4) Als dieser in der folgenden Zeit als Befehlshaber die Flotte bei Kilikien hatte landen lassen und die Wachen in seinem Lager nicht sorgfältig genug gehalten wurden, wurde er von den Barbaren nach einem Ausfall aus der Stadt bei Nacht in seinem Zelt getötet.

IX. Konon

1 (1) Konon aus Athen trat im Peloponnesischen Krieg in den Staatsdienst ein [schlug die politische Laufbahn ein], und sein Einsatz in ihm war von großer Bedeutung. Denn er kommandierte die Landheere als Anführer und vollbrachte als Admiral der Flotte große Taten zur See. Deshalb wurde ihm eine außerordentliche Ehre erwiesen. Denn er hatte allein das Kommando über alle Inseln, in diesem Amt nahm er Pherai ein, eine Kolonie der Spartaner. (2) Er war auch am Ende des Peloponnesischen Krieges Befehlshaber, damals, als die Truppen der Athener von Lysander am Ziegenfluss völlig besiegt worden sind. Doch da war er fern, und deshalb ist die Sache [die Schlacht] schlecht ausgeführt worden; denn er war sowohl im Kriegswesen erfahren als auch als Feldherr umsichtig. (3) Daher war es in diesen Zeiten niemandem zweifelhaft, dass die Athener, wenn er dabei gewesen wäre, das Unglück nicht erlitten hätten.

2 (1) Als die Macht des Staates zu Boden geschlagen war [Nach dem Zusammenbruch der Macht Athens] und er gehört hatte, dass das Vaterland belagert wurde, suchte er nicht, wo er selbst sicher leben könne, sondern, von wo er seinen Mitbürgern zum Schutz sein könne [sich hilfreich erweisen könne]. Daher begab er sich zu Pharnabazos, dem Satrapen von Ionien und Lydien, dem Schwiegersohn und zugleich Verwandten des Königs; dass er bei diesem großen Einfluss hatte, erreichte er durch viel Mühe und zahlreiche Gefahren. (2) Denn als die Spartaner nach dem Sieg über die Athener nicht bei dem Bündnis blieben, das sie mit Artaxerxes geschlossen hatten, und Agesilaos, um Krieg zu führen, nach Asien geschickt hatten, am meisten angetrieben von Tissaphernes, der von den Vertrautesten des Königs von seiner Freundschaft abgefallen und mit den Spartanern ein Bündnis geschlossen hatte, wurde er gegen Pharnabazos für den Feldherren gehalten [galt er als Feldherr gegen Pharnabazos], in Wirklichkeit aber kommandierte Konon das Heer, und alles ist nach seiner Entscheidung ausgeführt worden. (3) Dieser hinderte den so ausgezeichneten Feldherrn Agesilaos vielfach und widersetzte sich seinen Plänen oft; und doch war es ganz offenbar, dass Agesilaos, wenn jener nicht gewesen wäre, dem König Asien bis an den Taurus entrissen hätte. (4) Nachdem dieser von seinen Mitbürgern zurück nach Hause gerufen worden war, weil die Boeotier und Athener den Spartanern den Krieg erklärten hatten, hielt sich Konon dennoch bei den Befehlshabern des Königs auf und war diesen allen von großem Nutzen [sehr nützlich].

3 (1) Tissaphernes war vom König abgefallen, und dies war dem Artaxerxes (aber) nicht so sehr klar wie vielmehr den Übrigen; denn aufgrund seiner zahlreichen und großen Verdienste hatte er beim König, auch wenn er ihm nicht treu blieb, großen Einfluss. Und das war nicht verwunderlich, indem er, wenn er nicht leicht zum Glauben gebracht werden konnte, sich daran erinnerte, dass er mit seiner Hilfe seinen Bruder Kyros besiegt hatte. (2) Als Konon, um diesen anzuklagen, von Pharnabazos zum König geschickt, zunächst, nachdem er gekommen war, nach Sitte der Perser an den Chiliarchen [Befehlshaber der Leibwächter], der die zweite Stelle [die erste Stelle nach dem König] innehatte, Tithraustes, herantrat und erklärte, er wolle sich mit dem König besprechen. Denn niemand wird ohne dies vorgelassen. (3) Jener sprach zu ihm: „Es gibt keinen Aufschub, doch du überlege, ob du dich lieber unterhalten oder im Brief [schriftlich] verhandeln willst, was du (zu tun) beabsichtigst. Es ist nämlich nötig, dass du, wenn du ihm unter die Augen gekommen bist, den König verehrst [verehrungsvoll begrüßt], was jene Proskynese nennen. Wenn das für dich schwer ist, wirst du nichtsdestoweniger, wenn du deine Aufträge herausgibst [mitteilst], durch mich erreichen, was du willst.“ (4) Da sagte Konon: „Für mich ist es nicht schwer, dem König jede beliebige Ehre zu erweisen, aber ich fürchte, dass es meinem

Staat zum Vorwurf gereicht [vorgeworfen wird], wenn ich, da ich aus einem (derartigen) aufgebrochen bin, der es gewohnt ist, über andere Völker zu herrschen, lieber die Sitte der Barbaren als die (Sitte) jener beachte." Und daher übergab er diesem, was er wollte, als Geschriebenes [schriftlich].

4 (1) Nach Kenntnisnahme davon wurde der König von seinem Rat so sehr bewegt, dass er sowohl Tissaphernes zum Feind erklärte als auch die Spartaner zu bekriegen befahl als ihm auch erlaubte, wen er wolle, zum Auszahlen des (Kriegs-)Geldes auszuwählen. Konon leugnete, dass die Entscheidung hierüber (nicht) seinem Urteil unterstehe, sondern seinem eigenen [dem des Großkönigs], der seine Leute am besten kennen müsse, doch er rate ihm, Pharnabazos diese Aufgabe zu übergeben. (2) Von hier wurde er mit großen Geschenken beschenkt ans Meer geschickt, um den Zypriern, Phoeniziern und den übrigen Staaten am Meer Kriegsschiffe (zu stellen) aufzuerlegen [von ihnen zu fordern] und eine Flotte, mit der er im nächsten Sommer das Meer schützen könne, auszurüsten. Als Helfer wurde ihm, wie er es selbst gewählt hatte, Pharnabazos gegeben. (3) Sobald dies den Spartanern gemeldet worden war, trafen sie nicht ohne Sorgfalt [mit aller Sorgfalt] Vorkehrungen, weil sie glaubten, ein schlimmerer Krieg drohe, als wenn sie nur mit dem Barbaren kämpfen würden. Denn sie sahen, dass ein tapferer, kluger Feldherr an der Spitze der königlichen Streitkräfte stehen und gegen sie kämpfen werde, den sie weder an Klugheit noch an Truppenstärke übertreffen konnten. (4) In dieser Überzeugung bringen sie eine große Flotte zusammen. Sie brachen unter der Führung des Peisandros auf [segelten ab]. Diese griff Konon bei Knidos an, schlug sie in einer großen Schlacht in die Flucht, kaperte viele Schiffe und zerstörte mehrere. Durch diesen Sieg wurde nicht nur Athen, sondern auch ganz Griechenland, das unter der Herrschaft der Spartaner gestanden hatte, befreit. (5) Konon kam mit einem Teil der Schiffe in sein Vaterland, ließ die von Lysander zerstörten Mauern und die beiden (Mauern) von Piraeus und von Athen wiederherstellen und schenkte seinen Mitbürgern die 50 Talente, die er von Pharnabazos erhalten hatte.

5 (1) Diesem widerfuhr es wie den übrigen Sterblichen, dass er im Glück weniger besonnen als im Unglück war. Denn als er nach dem Sieg über die Flotte der Peloponnesier glaubte, er habe das Unrecht des Vaterlandes [das seiner Vaterstadt zugefügte Unrecht] gerächt, verlangte er mehr [strebte er nach Höherem], als er erreichen konnte. (2) Und dennoch war dies [waren diese Pläne] gut gemeint [patriotisch] und anerkennenswert, weil er lieber wollte, dass die Macht seines Vaterlandes als die des Königs vergrößert werde. Denn als er sein Ansehen in jener Seeschlacht, die er bei Knidos geführt hatte, nicht nur bei den Barbaren, sondern auch bei allen Staaten Griechenlands fest begründet hatte, begann er sich heimlich zu bemühen, den Athenern Ionien und Aeolien zurückzugeben. (3) Da dies zu wenig sorgfältig verheimlicht worden war, ließ Tiribazos, der Sardes vorstand, Konon kommen, indem er vorgab, er wolle ihn, eine wichtige Angelegenheit betreffend, zum König schicken. Als er dessen Auftrag gehorcht hatte und (dorthin) gekommen war, wurde er in den Kerker geworfen, in dem er sich eine Zeitlang befand. (4) Von dort sei er, wie einige geschrieben [schriftlich] hinterlassen haben, zum König geführt worden und dort umgekommen. Dagegen schrieb der Geschichtsschreiber Deinon, dem wir bezüglich der persischen Verhältnisse am meisten Glauben schenken, er sei entkommen. Jenes zweifelt er an, ob es mit oder ohne Wissen der Tiribazos geschehen ist.

X. Dion

1 (1) Dion, der Sohn des Hipparinos, aus Syrakus, von vornehmer Herkunft (abstammend), war in beide Gewaltherrschaften der Dionysier [Dionysios I. und II.] verwickelt. Denn jener Ältere hatte Aristomache, die Schwester Dions, zur Frau, mit der er zwei Söhne, Hipparinos und Nisaios, zeugte und ebenso viele Töchter, mit Namen Sophrosyne und Arete, von denen er die Ältere seinem Sohn Dionysios, demselben, dem er auch das Königreich hinterließ, zur Frau gab, die andere, Arete, (gab er) dem Dion (zur Frau). (2) Dion aber hatte außer seiner vornehmen Verwandtschaft und dem adligen Ruf seiner Vorfahren (noch) viele andere Güter von der Natur, darunter einen gelehrigen Geist, freundlich und geeignet zu den besten Künsten, eine große Würde des Körpers [ein würdevolles Aussehen], was nicht sehr wenig [sehr viel] empfiehlt, außerdem großen, von seinem Vater hinterlassenen Reichtum, den er selbst durch die Geschenke des Tyrannen vergrößert hatte. (3) Er war ein Vertrauter des älteren Dionysios, und (das) nicht weniger seines Charakters als seiner Verwandtschaft wegen. Denn er wollte, wenn ihm auch die Grausamkeit des Dionysios missfiel, dennoch, dass er der Verwandtschaft wegen am Leben blieb, mehr noch um seiner Leute willen. Er stand ihm in wichtigen Angelegenheiten bei, und der Tyrann wurde durch seinen Rat viel bewegt, nur darin nicht, (wo) sich seine eigene, zu starke, Leidenschaft widersetzte. (4) Alle Gesandtschaften aber, die ziemlich bedeutend waren, wurden von Dion ausgeführt: Dadurch, dass er diese sorgfältig übernahm und zuverlässig durchführte, deckte er den überaus grausamen Namen des Tyrannen durch seine eigene Menschlichkeit. Als er von Dionysios geschickt worden war, blickten die Karthager (so) zu ihm auf, (5) dass sie niemanden, der in griechischer Sprache redete, jemals mehr bewunderten.

2 (1) Aber dies entging Dionysios nicht. Denn er merkte, wie viel Ehre er für ihn (selbst) bedeutete. Dadurch kam es, dass er diesem einen besonders nachgab und ihn nicht anders als seinen Sohn liebte. (2) Ja, als das Gerücht verbreitet worden war [sich verbreitet hatte], Platon sei nach Tarent gekommen, hat er dem jungen Mann nicht abschlagen können, dass er ihn kommen ließ, da Dion vor Begierde brannte, ihn zu hören. Er gab ihm also die Erlaubnis und geleitete ihn mit großem [festlichem] Geleit nach Syrakus. (3) Diesen bewunderte Dion und liebte ihn so sehr, dass er sich ihm ganz hingab. Auch Platon selbst hatte nicht weniger Freude an Dion. Daher kehrte er, obwohl er von dem Tyrannen grausam verletzt worden war, da dieser befohlen hatte, dass er verkauft werden sollte, dennoch dorthin zurück, durch die Bitten desselben Dion veranlasst. (4) Unterdessen verfiel Dionysios in eine Krankheit. Als er von dieser hart mitgenommen wurde, fragte Dion die Ärzte, wie er sich befinde, und bat sie gleichzeitig, es ihm, wenn er sich vielleicht in größerer Gefahr befinde, zu gestehen. Denn er wolle sich mit ihm über die Teilung des Reiches unterhalten, weil er glaubte, dass die von jenem [Dionysios I.] abstammenden Söhne seiner Schwester einen Teil des Reiches haben müssten. (5) Dies verschwiegen die Ärzte nicht und meldeten das Gespräch an den Sohn Dionysios. Dadurch bewogen, zwang jener, damit Dion keine Gelegenheit (mehr) habe zu verhandeln, die Ärzte, seinem Vater einen Schlaftrunk zu geben.

3 (1) So war der Beginn der Feindschaft des Dion und des Dionysios [So begann die Feindschaft zwischen Dion und Dionysios II.], und sie wurde durch viele Umstände (noch) vergrößert. Aber dennoch blieb die Freundschaft zwischen diesen in den ersten Jahren eine Zeitlang vorgetäuscht. Da Dion nicht aufhörte, Dionysios zu beschwören, Platon aus Athen holen zu lassen und seine Ratschläge zu nutzen, war jener ihm, der in irgendetwas seinen Vater nachahmen wollte, zu Willen. (2) Zur selben Zeit führte er den Geschichtsschreiber Philostos nach Syrakus zurück, (der) nicht nur dem Tyrannen, sondern auch den Tyrannen [dem Tyrannen ebenso wie den Tyrannen] freundschaftlich gesinnt (war). Doch über diesen ist in dem Buch mehr dargelegt, das über die griechischen Geschichtsschreiber verfasst ist. (3) Platon aber vermochte bei Dionysios durch sein Ansehen so viel und hatte durch seine Beredsamkeit Einfluss, dass er ihn hat überreden wollen, der Tyrannei ein Ende zu machen und den Syrakusanern die Freiheit zurückzugeben. Von diesem Vorhaben durch den Rat des Philistos abgebracht, begann er (noch) grausamer zu sein.

4 (1) Ja, als dieser sah, dass er von Dion an Begabung, Ansehen und Beliebtheit beim Volk übertroffen wurde, gab er ihm aus Furcht, dass er, wenn er ihn bei sich habe, eine Gelegenheit habe, ihn zu stürzen, einen Dreiruderer, mit dem er nach Korinth segeln sollte, indem er erklärte, er mache es um ihrer beider willen, damit nicht der eine, wenn sie sich gegenseitig fürchteten, dem anderen zuvorkomme. (2) Da viele über diese Tat entrüstet waren und ihnen der Tyrann sehr verhasst war, brachte Dionysios alles, was bewegt werden konnte, auf die Schiffe und schickte sie zu ihm. Denn er wollte, dass man glaube, er habe dies nicht aus Hass auf den Mann, sondern um seines Wohls willen getan. (3) Nachdem er aber gehört hatte, dass er auf der Peloponnes eine (Kriegs-)Schar zusammenstelle und versuche, ihn in einen Krieg zu verwickeln, gab er Arete, die Gattin Dions, einem anderen zur Frau und befahl, dass ihr Sohn so erzogen werden solle, dass er durch Nachgeben mit den schändlichsten Leidenschaften erfüllt werde. (4) Denn dem Jungen wurden, (noch) bevor er erwachsen war, Dirnen zugefügt, er wurde mit Wein und Speisen überschüttet und dem Betrunkenen wurde auch keine Zeit (mehr zum Nüchternwerden) gelassen. (5) Dieser konnte die veränderte Lebensweise so wenig ertragen, nachdem sein Vater ins Vaterland zurückgekehrt war – denn ihm waren Wächter beigegeben, die ihn von der früheren Lebensweise abbringen sollten –, dass er sich von dem oberen Teil des Hauses herabgestürzt hat und so umkam. Doch ich kehre dorthin [zu dem Bericht über die Vertreibung Dions] zurück.

5 (1) Nachdem Dion nach Korinth gelangt war und Herakleides eben dorthin geflüchtet war, von demselben Dionysios vertrieben, der Reiteroberst gewesen war, begannen sie auf jede (erdenkliche) Weise zum Krieg zu rüsten. (2) Doch sie richteten nicht viel aus, weil die Tyrannei der langen Jahre für sehr mächtig gehalten wurde. Daher wurden (nur) wenige zur Gemeinschaft an dem Wagnis gebracht. (3) Dion jedoch, im Vertrauen nicht sowohl auf seine Truppen als vielmehr auf den Hass, brach mit größtem Mut und zwei Lastschiffen auf, um ein Reich von 50 Jahren, gesichert durch 500 Kriegsschiffe, 1000 Reiter und 100000 Fußsoldaten, zu bekämpfen – was allen Völkern wundersam erschien – und warf es so leicht zu Boden, dass er drei Tage, nachdem er Sizilien erreicht hatte, in Syrakus einzog. Daraus kann man ersehen, dass keine Herrschaft sicher [Herrschaft nur sicher] ist, wenn sie nicht durch Wohlwollen befestigt ist. (4) Zu dieser Zeit war Dionysios abwesend und erwartete in Italien die Flotte der Gegner, im Glauben, niemand werde ohne große Truppen zu ihm kommen. Diese Sache täuschte ihn [Darin täuschte er sich]. (5) Denn Dion beugte mit gerade denjenigen, die in der Gewalt der Feinde gewesen waren, den königlichen Hochmut und bemächtigte sich des ganzen Teils Siziliens, der in der Gewalt des Dionysios gewesen war, und in gleicher Weise der Stadt Syrakus, abgesehen von der Burg und der mit der Stadt verbundenen Insel, (6) und brachte es dahin, dass der Tyrann unter solchen Bedingungen Frieden schließen wollte: Dion solle Sizilien erhalten, Dionysios Italien, Apollokrates Syrakus, dem (Dion) als Einzigem das größte Vertrauen schenkte.

6 (1) Diesen so günstigen und unerwarteten Ereignissen folgte ein plötzlicher Umschwung, weil das Glück in seiner Unbeständigkeit den zu stürzen begann, den es zuvor erhoben hatte. (2) Zuerst übte es an dem Sohn, den ich oben erwähnt habe, seine Macht aus. Denn als er seine Gattin wieder zu sich genommen hatte, die einem anderen übergeben worden war, und er seinen Sohn von der maßlosen Ausschweifung zur Tugend zurückrufen wollte, erlitt er als Vater die schwerste Wunde durch den Tod des Sohnes. (3) Dann entstand Uneinigkeit zwischen ihm und Herkakleides, der, weil er ihm nicht die Vorherrschaft einräumte, eine Partei gebildet hat. Und dieser hatte bei den Optimaten nicht weniger Einfluss, mit deren Zustimmung er der Flotte vorstand [die Flotte kommandierte], während Dion das Landheer befehligte. (4) Dies ertrug Dion nicht mit Gleichmut und zitierte jenen (bekannten) Vers Homers aus dem zweiten Gesang, in dem folgender Sinn liegt: Durch die Herrschaft vieler könne ein Staat nicht gut gelenkt werden. Diesem Ausspruch folgte großer Hass, denn er schien offenbart zu haben, dass er alle in seiner Gewalt haben wollte. (5) Jenen versuchte er nicht durch Gehorsam zu beschwichtigen, sondern durch Härte zu unterdrücken, und ließ Herakleides, als er nach Syrakus gekommen war, töten.

7 (1) Diese Tat flößte allen größte Furcht ein. Niemand glaubte nämlich, nachdem jener getötet worden war [nach seinem Tod], sicher zu sein. Jener [Dion] aber verteilte nach Beseitigung seines Gegners die Güter derjenigen zu freizügig, von denen er wusste, dass sie ihm feindlich gesinnt waren. (2) Nachdem diese verteilt worden waren, begann ihm, da die täglichen Kosten sehr hoch waren, schnell Geld zu fehlen, und nichts genügte, wonach er die Hand ausstreckte, wenn nicht nach den Besitztümern seiner Freunde. Das war derart, dass er, als er die Soldaten wiedergewonnen hatte, die Optimaten verlor. (3) Durch die Sorge um diese Dinge wurde er gebeugt, und nicht daran gewöhnt, einen schlechten Ruf zu haben, ertrug er es nicht mit Gleichmut, dass von denen schlecht über ihn gedacht wurde, von deren Lobsprüchen er wenig zuvor in den Himmel gehoben worden war. Die Menge aber redete, nachdem auch die Stimmung der Soldaten aufgebracht war, freier und sagte wiederholt, der Tyrann sei nicht zu ertragen.

8 (1) Da jener, der dies beobachtete, nicht wusste, wie er ihn [den Unmut des Volkes] beschwichtigen sollte, und fürchtete, worauf es hinauslaufe, ging ein gewisser Kallikrates, ein athenischer Bürger, der mit ihm zusammen von der Peloponnes nach Sizilien gekommen war, ein schlauer Mann und bei Betrug verschmitzt, ohne jeden Glauben und Treue(versprechen), zu Dion und sagte: (2) Er sei wegen der Missstimmung im Volk und des Hasses der Soldaten in großer Gefahr, der er auf keine Weise entkommen könne, wenn er nicht einem von seinen Leuten den Auftrag gebe, der vortäusche, dass er ihm feindlich gesinnt sei. Wenn er einen (dazu) geeigneten gefunden hätte, werde er leicht die Gesinnung aller kennenlernen und die Gegner beseitigen, weil seine Feinde einem Abgefallenen [Dissidenten] ihre Gesinnung offenbaren würden. (3) Nachdem ein solcher Plan gebilligt worden war, übernahm Kallikrates diese Rolle selbst und rüstet sich mit der Unachtsamkeit Dions. Um ihn zu töten, wirbt er Genossen an, kommt mit seinen Gegnern zusammen und bestärkt sie durch eine Verschwörung. (4) Die Sache, die vorher unter vielen Mitbürgern ausgeführt wurde, wurde aufgewirbelt und Aristomache überbracht, der Schwester Dions, und seiner Gattin Arete. Jene kommen, von Furcht sehr erschreckt, bei dem zusammen, um dessen Gefahr sie fürchten. Doch jener leugnet, dass von Kallikrates ein Anschlag (auf ihn) geplant sei, sondern (behauptet), jenes, was betrieben werde, geschehe auf seinen Befehl. (5) Nichtsdestoweniger führen die Frauen Kallikrates in den Tempel der Proserpina und zwingen ihn zu schwören, dass dem Dion von ihm keine Gefahr drohe. Jener wurde durch diesen Eid nicht nur nicht abgeschreckt, sondern (auch) getrieben, sich zu beeilen, aus Furcht, dass sein Plan eher aufgedeckt werde, als sein Unternehmen ausgeführt sei.

9 (1) In diesem Gedanken übergibt er am nächsten Festtag, als Dion sich von der (Fest-)Versammlung zurückgezogen zu Hause aufhielt und sich in einem Zimmer im Obergeschoss zur Ruhe gelegt hatte, den Mitwissern der Tat die befestigteren Plätze der Stadt, umgibt das Haus mit Wächtern (2) und stellt an die Türen zuverlässige (Leute), die nicht (davon) weichen, rüstet einen Dreiruderer mit Bewaffneten, übergibt ihn Philostratos, seinem Bruder, und befiehlt, dass er im Hafen hin- und hergerudert werden solle, als ob er die Ruderer üben wolle, in der Absicht, dass er, wenn das Schicksal seinen Plänen entgegenträte, einen (Dreiruderer) habe, auf dem er zur Rettung fliehen könne [sich retten könne]. (3) Aus der Zahl seiner Leute aber erwählt er einige junge Männer aus Zakynthos, sowohl die kühnsten als auch ganz besonders (die) mit den größten Kräften, und gibt ihnen den Auftrag, unbewaffnet zu Dion zu gehen, so als ob sie um einer Zusammenkunft willen zu kommen schienen. Diese wurden wegen der Bekanntschaft eingelassen. (4) Doch jene gehen, nachdem sie die Schwelle betreten haben, nach Verriegelung der Türen auf den im Bett Liegenden los und binden ihn. Es entsteht Lärm, (und zwar) so sehr, dass er von draußen gehört werden kann [man ihn von draußen hört]. (5) Hier aber war für jeden leicht einzusehen, wie oft vorhergesagt worden ist, wie verhasst die Alleinherrschaft (war) und (wie) beklagenswert das Leben derjenigen, die lieber wollen, dass sie gefürchtet werden, als dass sie geliebt werden wollen [die lieber gefürchtet als geliebt werden wollen]. (6) Denn seine eigenen Wächter hätten ihn, wenn sie von eigenem Willen gewesen wären, durch Aufbrechen der Türen retten können, weil jene Waffenlosen, während sie von draußen eine Waffe forderten, ihn lebendig festhielten. Da diesem niemand zu Hilfe kam, gab ein gewisser Lykon aus Syrakus durch das Fenster ein Schwert, mit dem Dion getötet wurde.

10 (1) Als die Menge nach dem Mord eingetreten war, um ihn zu besuchen, werden einige von den Unwissenden an Stelle der Schuldigen getötet. Denn da das Gerücht sich schnell verbreitet hatte, dass Dion Gewalt angetan worden war, waren viele zusammengelaufen, denen eine solche Tat missfiel. Diese töten, von falschem Verdacht geleitet, Unschuldige wie Verbrecher. (2) Als (die Nachricht) über seinen Tod bekannt geworden war, wurde die Gesinnung der Menge auf wundersame Weise verändert. Denn den sie zu Lebzeiten einen Tyrannen genannt hatten, rühmten sie als Befreier des Vaterlandes und Vertreiber des Tyrannen. So war dem Hass plötzlich Mitleid gefolgt, dass sie ihn mit ihrem Blut, wenn sie gekonnt hätten, vom Acheron loskaufen wollten. (3) Daher wurde er in der Stadt an einem sehr zahlreich besuchten Ort auf Staatskosten begraben und mit einem Grabdenkmal beschenkt. Er starb ungefähr 55 Jahre alt, vier Jahre, nachdem er von der Peloponnes aus nach Sizilien zurückgekehrt war.

XI. Iphikrates

1 (1) Iphikrates aus Athen ist nicht sowohl durch die Größe seiner Taten als durch seine militärische Kenntnis berühmt geworden. Er war nämlich ein solcher Feldherr, dass er nicht nur mit den Ersten seiner Zeit verglichen wurde, sondern nicht einmal einer von den Älteren ihm vorgezogen wurde. (2) Viel aber war er im Krieg, oft kommandierte er Heere, niemals führte er durch seine Schuld eine Sache [Schlacht] unglücklich aus, immer siegte er durch Klugheit und vermochte durch sie so viel, dass er vieles im Kriegswesen teils neu einführte, teils besser machte [verbesserte]. (3) Denn jener veränderte die Waffen der Fußsoldaten. Während sie vor jenem als Befehlshaber sehr große Schilde, kurze Lanzen und kleine Schwerter benutzten, (4) führte jener im Gegenteil die Pelta [den leichten Schild in Halbmondform] anstelle der Parma [des Rundschildes] ein – nach ihm wurden die Fußsoldaten später Peltasten genannt –, damit sie bei Bewegungen und Zusammenstößen leichter waren, verdoppelte das Maß der Lanze und machte die Schwerter länger. Zugleich (veränderte) er die Art der Panzer und gab statt der Ketten- und Erzpanzer leinerne [aus Leintuch]. Dadurch machte er die Soldaten weniger bepackt [beweglicher]. Denn dadurch, dass das Gewicht genommen wurde, sorgte er (für etwas), was den Körper gleichermaßen schützte und leicht war.

2 (1) Er führte Krieg mit den Thrakern und setzte Seuthes, den Bundesgenossen der Athener, wieder in die Königsherrschaft ein. Bei Korinth kommandierte er das Heer mit einer solchen Strenge, dass keine Truppen jemals in Griechenland weder geübter [disziplinierter] waren noch ihrem Anführer mehr aufs Wort gehorchten. (2) Er brachte sie auch zu der Gewohnheit, dass sie sich, wenn das Zeichen zum Kampf vom Feldherrn gegeben worden war, ohne Zutun des Anführers so geordnet aufstellten, dass die Einzelnen von einem sehr erfahrenen Feldherrn aufgestellt zu sein schienen. (3) Mit diesem Heer vernichtete er eine Abteilung der Spartaner, was am meisten von ganz Griechenland gefeiert wurde. Abermals schlug er in demselben Krieg alle ihre Truppen in die Flucht, durch diese Tat erlangte er großen Ruhm. (4) Als Artaxerxes gegen den ägyptischen König Krieg beginnen wollte, erbat er sich von den Athenern Iphikrates als Feldherrn, den er an die Spitze des Söldnerheeres stellen wollte, dessen Anzahl 12000 (Mann) betrug. Dieses jedenfalls bildete er mit jeglicher militärischer Ordnung aus, dass sie, wie einst die römischen Soldaten „Fabier“ [die des Fabius] genannt wurden, so als „die Iphikratiker“ [die des Iphikrates] bei den Griechen in höchstem Ruhm standen. (5) Zum Schutz der Spartaner aufgebrochen, hielt derselbe die Angriffe des Epaminondas auf. Denn wenn seine Ankunft nicht genaht hätte [Wenn er nicht gekommen wäre], wären die Thebaner nicht eher aus Sparta abgezogen, als bis sie es eingenommen und durch Brand zerstört hätten.

3 (1) Er war aber sowohl von großem Mut als auch (groß) vom Körper her und von der Gestalt eines Feldherrn, dass er allein durch seinen Anblick einem jeden Bewunderung seiner [ihm gegenüber] einflößte, (2) doch bei körperlicher Anstrengung zu schlaff und zu wenig ausdauernd, wie Theopompos überliefert hat; ein guter Bürger aber und von großer Treue. Dies zeigte er sowohl in anderem als auch ganz besonders beim Schutz der Kinder des Makedoniers Amyntas. Denn Eurydike, die Mutter des Perdikkas und des Philippos, suchte, nachdem Amyntas gestorben war, mit beiden Kindern bei Iphikrates Zuflucht und wurde durch seine Mittel verteidigt. (3) Er lebte bis ins hohe Alter, nachdem die Gemüter seiner Mitbürger ihm gegenüber beschwichtigt worden waren. (Nur) einmal musste er sich auf Leben und Tod verteidigen, im Bundesgenossenkrieg (nämlich), zugleich mit Timotheos, und ist in diesem Prozess freigesprochen worden. (4) Den Sohn Menestheus hinterließ er, von einer Thrakerin, der Tochter des Königs Kotys, geboren. Als dieser gefragt wurde, wen von beiden er mehr schätze, Vater oder Mutter, antwortete er: „Mutter.“ Während dies allen (anderen) wundersam erschien, sagte jener jedoch: „Mit Recht mache ich das, denn mein Vater, soviel an ihm lag, zeugte mich als Thraker, meine Mutter dagegen als Athener.“

XII. Chabrias

1 (1) Chabrias aus Athen. Auch dieser wurde unter die höchsten Feldherren gerechnet und vollbrachte viele der Erinnerung würdige [erinnerungswürdige] Taten. Am meisten von diesen leuchtet jedoch seine Erfindung in der Schlacht, die er bei Theben schlug, als er den Boiotiern zu Hilfe gekommen war. (2) Denn in dieser hielt er den auf seinen Sieg vertrauenden Oberbefehlshaber Agesilaos auf und verbot, als die von ihm gemieteten Scharen schon in die Flucht geschlagen waren, dass die übrige Hoplitenfront vom Platz wich, und wies sie an, mit gegen das Knie gestemmtem Schild und vorgestreckter Lanze den Angriff der Feinde abzufangen. Im Anblick dieses Neuen [dieser neuen Kampftechnik] wagte Agesilaos nicht vorzurücken und rief seine Leute, die schon im Ansturm waren, mit der Kriegstrompete zurück. (3) Dies wurde in ganz Griechenland durch das Gerücht so sehr gefeiert, dass Chabrias wollte, dass ihm ihn jener Stellung ein Standbild errichtet werde, das ihm von Staats wegen von den Athenern auf dem Marktplatz aufgestellt wurde. Daher kam es, dass später Athleten und die übrigen Künstler die Stellungen bei der Aufstellung von Statuen gebrauchten, in der sie den Sieg errungen hatten.

2 (1) Chabrias aber leitete viele Kriege in Europa, als er Anführer der Athener war, in Ägypten führte er freiwillig (Krieg). Denn er brach auf, um Nektenebis zu unterstützen, und festigte ihm die Königsherrschaft. (2) Dasselbe machte er auf Zypern, doch von Staats wegen wurde er dem Euagoras als Helfer von den Athenern gegeben und ging nicht eher von da weg, als bis er die ganze Insel im Krieg völlig besiegte. Daraus [Daher] erlangten die Athener großen Ruhm. (3) Unterdessen wurde zwischen den Ägyptern und Persern Krieg angestiftet. Die Athener hatten ein Bündnis mit Artaxerxes, die Spartaner mit den Ägyptern, von denen Agesilaos, ihr König, große Beute machte. Dies hatte Chabrias im Auge, als er dem Agesilaos in nichts nachgab, brach von sich aus auf, um sie zu unterstützen, und kommandierte die ägyptische Flotte, Agesilaos die Fußtruppen.

3 (1) Da schickten die Feldherren dem Perserkönig Gesandte nach Athen, um sich zu beklagen, dass Chabrias gegen den König Krieg mit den Ägyptern führe. Die Athener setzten Chabrias einen festen Termin und kündigten an, dass sie ihn, wenn er vor diesem nicht nach Hause zurückgekehrt sei, zum Tode verurteilen würden. Auf diese Nachricht hin kehrte jener nach Athen zurück und hielt sich dort nicht länger auf, als es nötig war. (2) Denn er war nicht gern vor den Augen seiner Mitbürger, weil er sowohl verschwenderisch lebte als sich auch freizügiger gehen ließ, als dass er dem Neid der Menge hätte entgehen können. (3) Dies ist nämlich ein allgemeiner Fehler in großen und freien Staaten, dass die Missgunst ein Begleiter des Ruhmes ist, und sie gern von denen abziehen [die erniedrigen], die sie höher hinausragen sehen, und die Armen nicht mit Gleichmut auf das fremde Glück [der Reichen] sehen. Daher war Chabrias, solange es ihm frei stand, sehr viel abwesend (von Athen). (4) Doch nicht er allein war gern von Athen fern, sondern fast alle Vornehmen taten dasselbe, weil sie glaubten, sie würden so weit von der Missgunst entfernt sein, wie sie aus dem Blickfeld ihrer Leute geräumt seien. Daher lebte Konon sehr viel [die meiste Zeit] auf Zypern, Iphikrates in Thrakien, Timotheos auf Lesbos und Chares in Sigeion; von diesen war Chares freilich sowohl durch seine Taten als auch durch seinen Charakter sehr verschieden, aber dennoch in Athen sowohl gefeiert als auch mächtig.

4 (1) Chabrias aber kam im Bundesgenossenkrieg auf solche Weise um: Die Athener belagerten Chios. In der Flotte war Chabrias als Privatmann, übertraf jedoch alle, die im Amt waren, an Ansehen, und die Soldaten beachteten ihn mehr, als die ihnen vorstanden. (2) Dies beschleunigte ihm den Tod. Denn während er als Erster in den Hafen einfahren wollte und befahl, dass sein Steuermann das Schiff dorthin lenken solle, bedeutete dies für ihn selbst das Verderben. Als er nämlich dorthin gelangt war, folgten die Übrigen nicht. Dadurch von dem Ansturm der Feinde umzingelt, begann, obwohl er sehr tapfer kämpfte, das von einem Rammsporn durchbohrte Schiff sich zu senken. (3) Obwohl er von hier hätte fliehen können, wenn er sich ins Meer herabgestürzt hätte, weil die Flotte der Athener in der Nähe war, die die Schwimmenden hätte aufnehmen können, wollte er lieber umkommen als nach Wegwerfen der Waffen das Schiff verlassen, in dem er gefahren war. Dies wollten die Übrigen nicht tun, die durch Schwimmen in Sicherheit gelangt sind. Doch jener wurde, da er glaubte, ein ehrenvoller Tod übertreffe ein schimpfliches Leben, im Kampf Mann gegen Mann von den Waffen der Feinde getötet.

XIII. Timotheos

1 (1) Timotheos (war) der Sohn des Konon (und) aus Athen. Dieser vermehrte den vom Vater ererbten Ruhm durch viele Tugenden. Er war nämlich beredt, unermüdlich, arbeitsam, im Kriegswesen erfahren und nicht weniger in der Leitung des Staates. (2) Viele seiner Taten sind hochberühmt, doch folgende ist besonders berühmt: Olynthos und Byzanz unterwarf er im Krieg, Samos nahm er ein, für dessen Belagerung die Athener in einem früheren Krieg 1200 Talente aufgewendet hatten. Dies gab er ohne eine öffentliche Aufwendung dem Volk wieder. Gegen Kotys führte er Kriege und zahlte von ihm 1200 Talente Beute in die Staatskasse. Kyzikos befreite er von der Belagerung. (3) Zusammen mit Agesilaos kam er dem Ariobarzanes zu Hilfe, als der Spartaner von diesem das abgezählte Geld erhalten hatte, wollte jener lieber, dass seine Mitbürger an Ackerland und Städten größer würden, als das zu nehmen, von dem er einen Teil als sein Eigentum nach Haus tragen konnte. Daher erhielt er Krithote und Sestos.

2 (1) Derselbe schlug als Admiral, indem er um die Peloponnes fuhr und Lakonien verwüstete, ihre Flotte in die Flucht, brachte Korkyra [Korfu] unter die Herrschaft der Athener und gewann zugleich die Epiroten, Athamanen und Chaonier als Bundesgenossen und alle die Völker, die an jenem Meer liegen. (2) Dadurch ließen die Spartaner von ihrem lang andauernden Wettstreit ab, räumten den Athenern freiwillig den Vorrang der Seeherrschaft ein und setzten Frieden unter den Bedingungen fest, dass die Athener Führer zur See seien. Dieser Sieg bedeutete für die Athener eine so große Freude, dass der Friedensgöttin damals zum ersten Mal Altäre geweiht worden sind und dieser Göttin ein Tempel eingerichtet worden ist. (3) Damit die Erinnerung an diese Ruhmestat [dieses Verdienst] blieb, stellten sie dem Timotheos auf Staatskosten ein Standbild auf dem Marktplatz auf. Diese Ehre wurde diesem allein vor dieser Zeit zuteil, dass es, obwohl das Volk dem Vater (schon) ein Standbild errichtet hatte, auch dem Sohn (eines) gewährte. So erneuerte das neue, dicht daneben aufgestellte (Standbild) des Sohnes die alte Erinnerung an den Vater.

3 (1) Als dieser (schon) alt war und aufgehört hatte, Ämter zu bekleiden, begannen die Athener, von allen Seiten mit Krieg bedrängt zu werden. Samos war abgefallen, der Hellespont war abtrünnig geworden und der damals schon mächtige Philipp von Makedonien unternahm vieles [führte vieles im Schilde]. Obwohl Chares ihm (schützend) entgegengestellt war, glaubte man nicht, genügend Schutz sei an ihm [glaubte man keinen hinreichenden Schutz an ihm zu haben]. (2) Menestheos wird Feldherr, der Sohn des Iphikrates, Schwiegersohn des Timotheos, und es wird beschlossen, dass er zum Krieg aufbricht. Diesem werden zum Rat [als Ratgeber] zwei an Erfahrung und Weisheit ausgezeichnete (Männer) gegeben, deren Rat er nutzen soll, der Vater und der Schwiegersohn, weil in ihnen so viel Ansehen war [sie so viel Ansehen besaßen], dass große Hoffnung bestand, das Verlorene durch sie wiedererlangen zu können. (3) Als diese nach Samos aufgebrochen waren und Chares, nachdem er von ihrer Ankunft erfahren hatte, mit seinen Truppen aufbrach, damit nichts in seiner Abwesenheit ausgeführt schien, traf es sich, dass, als sie sich der Insel näherten, ein starker Sturm aufkam. Dem zu entgegnen, hielten beide alten Feldherrn für nützlich und legten die Flotte bei. (4) Doch jener hatte einen verwegenen Plan, gab der Autorität des Älteren nicht nach, gelangte, als ob das Glück in seiner Hand war, wohin er geeilt war, und schickte einen Boten zu Timotheos und Iphikrates, dass sie (ihm) eben dorthin folgen sollten. Von da zog er sich, da er die Sache unglücklich ausgeführt hatte, nach Verlust mehrerer Schiffe dorthin zurück, von wo er aufgebrochen war und schickte öffentlich einen Brief nach Athen, dass es für ihn leicht gewesen sei, Samos einzunehmen, wenn er nicht von Timotheos und Iphikrates im Stich gelassen worden wäre. (5) Wild, argwöhnisch und deswegen wankelmütig, feindlich und neidisch ruft das Volk – auch ihres Machtstrebens wegen beschuldigt werden sie vor Gericht geladen – ihn nach Hause. Sie werden des Verrats angeklagt. Durch diesen Urteilsspruch wird Timotheos verurteilt, und die Strafsumme wird auf 100 Talente bestimmt. Jener begibt sich, durch den Hass der undankbaren Bürgerschaft gezwungen, nach Chalkis.

4 (1) Als das Volk nach seinem Tod sein Urteil bereute, zog es neun Zehntel von der Strafsumme ab und befahl, dass Konon zehn Talente zur Wiederherstellung eines Teils der Mauer geben solle. Daran erkannte man die Unbeständigkeit des Glücks. Denn dieselben Mauern, die sein Großvater Konon aus der Beute der Feinde dem Vaterland wiederhergestellt hatte, von seinem Vermögen wiederherzustellen, wurde sein Enkel unter der größten Schande für seine Familie gezwungen. (2) Obwohl wir jedoch für die maßvolle und weise Lebensführung des Timotheos sehr viele Zeugnisse anführen können, wollen wir mit einem Einzigen zufrieden sein, weil daraus leicht geschlossen werden kann, wie lieb er seinen Leuten war. Als er sich in Athen als junger Mann verteidigte, kamen nicht nur Freunde und private Gastfreunde, um ihn zu verteidigen, sondern unter ihnen war auch Iason, der Tyrann von Thessalien, der zu jener Zeit der Mächtigste von allen war. (3) Obwohl sich dieser im Vaterland ohne Leibwächter nicht für sicher hielt, kam er ohne jeden Schutz nach Athen und schätzte seinen Gastfreund so hoch, dass er sich lieber in Lebensgefahr begab, als dass er Timotheos, der um seinen guten Ruf kämpfte, im Stich ließ. Dennoch führte Timotheos später auf Befehl des Königs gegen diesen Krieg. Die Rechte des Vaterlandes hielt er für heiliger als die der Gastfreundschaft. (4) Dies war das letzte Zeitalter der athenischen Feldherrn, (nämlich das) des Iphikrates, des Chabrias und des Timotheos, und nach ihrem Tod ist kein Anführer in jener Stadt der Erinnerung würdig gewesen. (5) Ich komme nun zu dem tapfersten Mann und dem von größter Klugheit unter allen Barbaren, ausgenommen die beiden Karthager Hamilkar und Hannibal. (6) Über diesen werden wir aus dem Grund mehr berichten, weil seine meisten Taten unbekannter sind als auch (deshalb, weil) das, was ihm glücklich vonstatten ging, nicht durch die Größe der Truppen, sondern durch die (Größe) seiner Klugheit, durch die er damals alle übertraf, geschah. Wenn nicht ihr Verlauf erklärt wird, werden die Dinge nicht klar sein [einleuchten].

XIV. Datames

1 (1) Datames, Sohn (des Vaters) Kamisares, von der Abstammung her Karier und von einer Skythin als Mutter geboren, war zunächst unter der Zahl der Soldaten bei Artaxerxes, die die Königsburg schützten [gehörte zur Palastgarde]. Sein Vater Kamisares hatte, weil er sich als persönlich tapfer, im Krieg entschlossen und dem König bei vielen Gelegenheiten als treu erwiesen hatte, den Teil Kilikiens in der Nähe von Kappadokien zur Provinz, den die Leukosyrer bewohnten. (2) Datames verwaltete zuerst ein militärisches Amt und zeigte in dem Krieg, den der König gegen die Kadusier führte, was für einer er war. Denn hier war, nachdem viele Tausende der Königlichen getötet worden waren, sein Einsatz von großer Wichtigkeit. Daher kam es, dass ihm, als Kamisares in diesem Krieg gefallen war, die väterliche Provinz übergeben wurde.

2 (1) Später erwies er sich von gleicher Tüchtigkeit, als Autophrodates auf Befehl des Königs diejenigen mit Krieg verfolgte [bekriegte], die abgefallen waren. Denn durch sein Zutun wurden die Feinde, als sie schon das Lager betreten hatten, geschlagen und das übrige Heer des Königs wurde gerettet. Daraufhin begann er größere Unternehmungen zu leiten. (2) Zu dieser Zeit lebte Thuys, Fürst von Paphlagonien, aus altem Geschlecht, von jenem Pylaimenes abstammend, von dem Homer sagt, dass er im Trojanischen Krieg von Patroklos getötet sei. (3) Dieser gehorchte dem König nicht aufs Wort. Deswegen beschloss er, ihm mit Krieg zu verfolgen [zu bekriegen], und stellte Datames an die Spitze dieses Unternehmens, einen Verwandten des Paphlagoniers. Denn sie waren Kinder von Bruder und Schwester. Deshalb wollte Datames zunächst versuchen, seinen Verwandten ohne Waffen zur Pflicht zurückzubringen. Als er ohne Schutz zu diesem gekommen war, weil er von einem Freund keinen Hinterhalt fürchtete, wäre er fast umgekommen. Denn Thuys wollte ihn heimlich töten. (4) Die Mutter war bei Datames, eine Tante des Paphlagoniers. Diese erfuhr, was betrieben wurde, und warnte den Sohn. (5) Jener wich der Gefahr durch Flucht aus und erklärte Thuys den Krieg. Obwohl er in diesem von Ariobarzanes, dem Statthalter von Lydien, Ionien und ganz Phrygien, im Stich gelassen worden war, verharrte er nichtsdestotrotz und nahm Thuys zusammen mit Frau und Kindern gefangen.

3 (1) Er gab sich Mühe, dass das Gerücht von dieser Tat nicht früher zum König drang als er selbst. Daher kam er ohne Wissen aller dorthin, wo der König war, und bedeckte Thuys, einen Mann von sehr großer Körpergestalt und schrecklichem Gesicht, weil er schwarz, langhaarig (war) und einen herabhängenden Bart (hatte), mit dem besten Gewand, das die königlichen Satrapen zu tragen pflegten, schmückte (ihn) auch mit Halskette, goldenen Armreifen und dem übrigen königlichen Schmuck. (2) Er selbst, von ländlichem doppeltem [doppelt großem] Mantel umgeben und mit rauer Tunika, trug auf dem Kopf einen Jägerhut, in der rechten Hand eine Keule, in der linken die Fessel, mit der er Thuys gefesselt vor sich hertrieb, als ob er ein gefangenes wildes Tier führe. (3) Als alle diesen erblickten und der Neuartigkeit der Ausstattung, der unbekannten Gestalt und dieser Sache wegen ein großer Auflauf entstand, gab es so manchen, der Thuys erkannte und (es) dem König meldete. (4) Zuerst wollte er es nicht glauben; daher schickte er Pharnabazos, um es zu erkunden. Als er von diesem das Geschehene erfuhr, befahl er, dass er sogleich vorgelassen werden solle, sehr erfreut sowohl durch die Tat als auch ganz besonders von dem Aufzug, besonders, weil der vornehme König unerwartet in seine Gewalt gekommen war. (5) Daher schickte er Datames reich beschenkt zu dem Heer, das damals unter der Führung des Pharnabazos und Tithraustes zum ägyptischen Krieg zusammengezogen wurde, und befahl, dass er die gleiche Macht wie jene haben solle. Nachdem aber der König Pharnabazos zurückgerufen hatte, wurde ihm der Oberbefehl übergeben.

4 (1) Als dieser mit größtem Eifer ein Heer aufstellte und sich anschickte, nach Ägypten aufzubrechen, wurde ihm plötzlich ein Brief vom König geschickt, dass er Aspis angreifen solle, der Kataonien befehligte. Dieses Volk liegt oberhalb Kilikiens, an Kappadokien angrenzend. (2) Denn Aspis, der eine gebirgige und von Festungen gesicherte Gegend bewohnte, gehorchte nicht nur dem Befehl des Königs nicht, sondern verwüstete auch die benachbarten Gebiete und raubte, was dem König gebracht werden sollte. (3) Wenn Datames auch von diesen Gebieten weit entfernt war und von einer größeren Unternehmung abgehalten wurde, glaubte er dennoch, sich dem Willen des Königs fügen zu müssen. Daher bestieg er mit wenigen, aber tapferen Männern ein Schiff, im Glauben, dass er, was (auch) geschah, den Nichtsahnenden leichter mit einer kleinen Schar überwältigen werde als den Gerüsteten mit einem noch so großen Heer. (4) Als er auf diesem Schiff nach Kilikien gelangt und dort von Bord gegangen war, überschritt er, indem er Tag und Nacht marschierte, den Taurus und kam dorthin, wohin er gewollt hatte [wollte]. Er fragt, an welchen Orten Aspis sei. Er erfährt, dass er nicht weit entfernt und zur Jagd aufgebrochen sei. Während er diesem auflauert, wird der Grund für seine Ankunft erkannt. Aspis rüstet die Pisidier zusammen mit denen, die er bei sich hatte, aus, um Widerstand zu leisten. (5) Als Datames dies gehört hat, nimmt er die Waffen und befiehlt seinen Leuten zu folgen; er selber reitet im Galopp auf den Feind zu. Aspis, der diesen von weitem erblickt, wie er auf ihn stürzt, erschrak und ergab sich, von dem Versuch, Widerstand zu leisten, abgeschreckt. Diesen übergab Datames gefesselt dem Miltiades, um ihn zum König zu führen.

5 (1) Während dies geschah, tadelte Artaxerxes sich, indem er sich erinnerte, von einem wie bedeutenden Krieg, der den ersten der Feldherrn zu einer wie unwichtigen Angelegenheit geschickt hatte, selbst und schickte einen Boten zum Heer nach Akka, weil er glaubte, Datames sei noch nicht aufgebrochen, der sagen sollte, dass er sich nicht vom Heer entfernen solle. Bevor dieser (dahin) gelangt, von wo er aufgebrochen war, traf er auf dem Weg (die), die Aspis führten. (2) Obwohl Datames durch diese Schnelligkeit großes Wohlwollen des Königs gewonnen hatte, zog er nicht geringen Hass der Hofleute auf sich, weil sie sahen, dass jener eine mehr als sie alle (zusammen) galt. Dadurch beschlossen alle übereinstimmend, ihn vernichten zu müssen. (3) Dies schickte ihm Pandantes, der Hüter des königlichen Schatzes, dem Datames freundschaftlich gesinnt, genau niedergeschrieben, worin er ihn belehrt, er werde in großer Gefahr schweben, wenn auf seinen Befehl etwas Unglückliches in Ägypten passiert sei. (4) Denn das sei königliche Gewohnheit [Gewohnheit der Könige], dass sie Unglücksfälle den Menschen zuschrieben, Glücksfälle (aber) ihrem eigenen Geschick. Daher geschehe es, dass sie leicht zu dem Verderben derjenigen getrieben würden, unter deren Führung unglücklich ausgegangene Gefechte gemeldet würden. Jener werde in desto größerer Gefahr schweben, weil er diejenigen, denen der König am meisten gehorche, als Erzfeinde habe. (5) Nach Kenntnisnahme solchen Briefes beschloss er, als er schon zum Heer nach Akka gekommen war, vom König abzufallen, weil er genau wusste, dass dies wahr geschrieben war. Dennoch machte er nichts, was seiner Treue unwürdig gewesen wäre. (6) Denn er setzte Mandrokles aus Magnesia an die Spitze des Heeres [betraute ihn mit dem Kommando]; er selbst ging mit seinen Leuten nach Kappadokien weg und besetzt das diesem angrenzende Paphlagonien, indem er verheimlicht, von welcher Gesinnung er dem König gegenüber sei. Heimlich schließt er mit Ariobarzanes Freundschaft, rüstet eine Schar aus und übergibt die befestigten Städte seinen Leuten, um sie zu beschützen [zum Schutz].

6 (1) Doch dies ging wegen der Winterzeit weniger günstiger vonstatten. Er hört, dass die Pisidier einige Truppen gegen ihn rüsten. Er schickt seinen Sohn Arsidaios mit einem Heer dorthin; der junge Mann fällt in der Schlacht. Der Vater bricht mit einer nicht so großen Schar dorthin auf, indem er verbarg, eine wie schwere Wunde er empfangen hatte, weil er früher zu dem Feind gelangen wollte, als das Gerücht über den unglücklichen Kampf zu den Seinen gelangt sei, damit nicht dadurch, dass der Tod seines Sohnes bekannt werde, der Mut der Soldaten geschwächt werde. (2) Er gelangt, wohin er geeilt war, und stellt sein Lager in dieser Gegend auf, so dass er weder von der Menge der Feinde umzingelt noch gehindert werden könne, dass er selbst seine Hand zum Kämpfen frei habe. (3) Mit ihm zusammen war Mithrobarzanes, sein Schwiegervater und Reiterkommandant. Dieser lief, da er an den Unternehmungen seines Schwiegersohnes verzweifelte, zu den Feinden über. Als Datames das hörte, merkte er, dass es, wenn sich unter die Menge verbreitet habe, dass er von einem so Nahestehenden verlassen worden sei, geschehen werde, dass die Übrigen seinem Plan folgen würde. (4) Er verbreitet unter die Menge, Mithrobarzanes sei auf seinen Befehl wie ein Überläufer aufgebrochen, damit er, umso leichter aufgenommen, die Feinde töte. Daher zieme es sich nicht, dass er verlassen werde, (vielmehr) dass alle ihm sogleich folgten. Wenn sie dies aber mit entschlossenem Herzen gemacht hätten, werde es geschehen, dass die Gegner nicht Widerstand leisten könnten, da sie innerhalb des Walls und außerhalb getötet würden. (5) Nach Billigung dieser Unternehmung führte er das Heer heraus und verfolgt Mithrobarzanes nur; als dieser zu den Feinden gelangt war, befiehlt Datames anzugreifen. (6) Die Pisidier, über diesen neuen Umstand bestürzt, kommen zu der Ansicht, die Überläufer hätten treulos und verabredet gehandelt, um, wenn sie (erst) aufgenommen seien, (ihnen) noch größeren Schaden zuzufügen [anzurichten]. Zuerst greifen sie sie an. Da jene nicht wussten, was vor sich ging und warum es geschah, wurden sie gezwungen, mit denjenigen zu kämpfen, zu denen sie übergelaufen waren, und auf Seiten derer zu stehen, die sie verlassen hatten. Da sie von keiner der beiden (Parteien) geschont wurden, wurden sie schnell geschlagen. (7) Auf die übrigen Pisidier, die Widerstand leisteten, ging Datames los. Beim ersten Angriff schlägt er sie, verfolgt die Fliehenden, tötet viele und nimmt das Lager der Feinde ein. (8) Mit solcher Klugheit erschreckte er zugleich die Verräter, schlug die Feinde und wendet, was zu seinem Verderben ersonnen war, zu seinem Wohl. Weder einen scharfsinnigeren Plan irgendeines Feldherrn noch eine schnellere Tat als diese haben wir jemals gelesen.

7 (1) Von diesem Mann fiel Sysinas, sein ältester Sohn, dennoch ab, ging zum König über und zeigt das Abfallen des Vaters an. Durch diese Nachricht bewegt, schickt Artaxerxes, weil er einsah, dass er es mit einem tapferen und entschlossenen Mann zu tun habe, der, wenn er (etwas) ersonnen hatte, es auch zu tun wagte und gewohnt war, früher zu denken als es zu versuchen, Autophrodates nach Kappadokien. (2) Damit dieser nicht in das Gebirge eindringen könne, in dem der Engpass Kilikien liegt, bemühte Datames sich, es vorher zu besetzen. (3) Doch so plötzlich konnte er seine Truppen nicht zusammenziehen. Davon abgebracht, erwählt er mit der Schar, die er zusammengezogen hatte, einen so beschaffenen Ort, dass er weder von den Feinden umzingelt werde noch der Gegner vorüberzog, ohne dass sie auf ungünstigem Gelände bedrängt würden und, wenn er dort kämpfen wolle, die Menschenmenge seiner geringen Zahl schaden könne.

8 (1) Obwohl Autophrodates dies sah, beschloss er dennoch (lieber) zu kämpfen als mit so vielen Truppen zurückzuweichen oder so lange an ein und demselben Ort zu sitzen. Er hatte 20000 fremde Reiter, 10000 Fußsoldaten, die jene „Kardaker“ nennen, und von derselben Art 3000 Schleuderer, außerdem 8000 Kappadokier, 10000 Armenier, 5000 Paphlagonier, 10000 Phryger, 5000 Lydier, an Aspendier und Pisider ungefähr 3000, 2000 Kilikier, ebenso viele Kaptianer, 3000 Söldner aus Griechenland und eine sehr große Anzahl Leichtbewaffneter. (3) Im Gegensatz dazu lag für Datames die ganze Hoffnung in ihm selbst und in der natürlichen Beschaffenheit des Ortes. Denn er hatte nicht den zwanzigsten Teil Soldaten davon. Im Vertrauen darauf kämpfte er und schlug viele tausende Gegner nieder, während von seinem eigenen Heer nicht mehr als tausend Mann gefallen waren. Deshalb stellte er am folgenden Tag an dem Ort ein Siegeszeichen auf, an dem am Vortag gekämpft worden war. (4) Als er von hier vorrückte und immer unterlegen an Truppen als Überlegener aus allen Schlachten ging, weil er nur in ein Handgemenge geriet, wenn er die Gegner durch die Enge der Gegend eingeschlossen hatte, was dem der Gegend Kundigen und dem schlau Überlegenden oft widerfuhr, (5) forderte Autophrodates, da er einsah, dass der Krieg zu größerem Schaden für den König als für die Gegner in die Länge gezogen wurde, zu Frieden und Freundschaft auf, dass er sich wieder mit dem König aussöhne. (6) Obwohl jener nicht glaubte, dass sie [die Aussöhnung] zuverlässig sein werde, nahm er dennoch die Bedingung an und sagte, er werde Gesandte zu Artaxerxes schicken. So wurde der Krieg, den der König gegen Datames unternommen hatte, beigelegt. Autophrodates zog sich nach Phrygien zurück.

9 (1) Der König jedoch wollte, weil er einen unversöhnlichen Hass auf Datames gefasst hatte, nachdem er bemerkt hatte, dass er ihn durch Krieg nicht überwältigen könne, durch einen Hinterhalt töten. Jener (aber) entkam den meisten (Fallen). (2) Wie er zum Beispiel, als ihm gemeldet worden war, einige würden ihm nachstellen, die unter der Zahl seiner Freunde waren – weil diese Feinde angezeigt hatten, meinte er es weder glauben noch geringschätzen zu dürfen – erproben wollte, ob ihm Wahres oder Falsches berichtet worden sei. (3) Daher brach er dorthin auf, auf welchem Weg der Hinterhalt, wie sie gesagt hatten, sein werde. Doch er wählte einen an Körper und Statur ihm sehr ähnlichen (Mann), gab ihm seine Kleidung und befahl ihm, an der Stelle zu marschieren, an der er selbst gewöhnlich (marschierte). Er selber aber begann, in der Rüstung und Kleidung eines (einfachen) Soldaten unter den Leibwächtern zu marschieren. (4) Doch die Attentäter, nachdem der (Heeres-)Zug an den Ort gekommen war, griffen, getäuscht durch die Reihenfolge und die Kleidung den an, der untergeschoben war. Datames aber hatte es denen, mit denen er marschierte, vorhergesagt, damit sie bereit seien, zu tun, was sie ihn selbst (tun) sähen. (5) Sobald er die Attentäter heranstürmen sah, schleuderte er Geschosse auf sie. Da alle dasselbe getan hatten, bevor sie zu dem gelangt waren, den sie angreifen wollten, stürzten sie durchbohrt nieder.

10 (1) Dennoch wurde dieser so schlaue Mann zuletzt durch eine List des Mithridates, des Sohnes des Ariobarzanes, gefangen genommen. Denn dieser versprach dem König, er werde ihn töten, wenn der König es ihm erlaube, dass es ihm freistehe, was auch immer er wolle, straflos zu tun, und er ihm die Zusage nach persischer Sitte mit der Rechten gegeben hatte. (2) Als er sie, vom König geschickt, erhalten hatte, rüstet er seine Truppen und schließt abwesend Freundschaft mit Datames, verwüstet die Provinzen des Königs, erobert die Festungen, eignet sich große Beute an, wovon er einen Teil an seine Leute verteilt, einen Teil an Datames schickt; auf gleiche Weise übergibt er ihm mehrere Festungen. (3) Dadurch dass er dies lange Zeit tat, überredete er den Mann, einen unbegrenzten Krieg gegen den König begonnen zu haben, während er nichtsdestoweniger, um ihm nicht einen Verdacht auf einen Hinterhalt zu geben, weder ein Gespräch mit ihm suchte noch ihm vor die Augen treten wollte. So zeigte er trotz Abwesenheit Freundschaft, dass sie nicht durch gegenseitige Wohltaten, sondern durch gemeinsamen Hass, den sie gegen den König gehegt hatten, zusammengehalten schienen.

11 (1) Als er glaubte, dies sei genügend bekräftigt, benachrichtigt er Datames, es sei Zeit, dass ein größeres Heer gerüstet und Krieg mit dem König persönlich begonnen werde, und er solle diesbezüglich, wenn es ihm gut scheine, an welchem Ort er wolle, zum Gespräch kommen. Nach Billigung dieser Unternehmung wird der Zeitpunkt für das Gespräch und der Ort, wo man zusammenkommen will, bestimmt. (2) Mithridates kam einige Tage früher mit nur einem Einzigen, dem er größtes Vertrauen schenkte, hierhin, vergräbt an mehreren Stellen abgesondert Schwerter und kennzeichnet diese Stellen sorgfältig. An dem Tag des Gespräches aber schicken beide (Leute), die den Ort erkunden und sie selbst durchsuchen sollten; dann kommen sie selbst zusammen. (3) Als sie hier eine Zeitlang im Gespräch gewesen, nach verschiedenen Richtungen auseinandergegangen waren und Datames schon fern war, kehrt Mithridates, bevor er zu seinen Leuten gelangt, um keinen Verdacht zu wecken, an dieselbe Stelle zurück und bleibt, wo eine Waffe eingegraben war, sitzen, gleichsam als ob er infolge von Müdigkeit ausruhen wolle, und ruft Datames zurück, indem er vorgibt, er habe etwas im Gespräch vergessen. (4) Unterdessen holt er die Waffe, die verborgen war, hervor, deckte sie von der Scheide entblößt mit dem Gewand und sagte zu Datames, der kam, im Weggehen habe er einen Platz bemerkt, der in Sicherheit sei, der geeignet sei, um ein Lager aufzuschlagen. (5) Als er ihm diesen mit dem Finger zeigte und jener sich umblickte, durchbohrte er den Abgewandten mit dem Schwert und tötete ihn, bevor ihm jemand zu Hilfe kommen konnte. So ist jener Mann, der viele durch Klugheit, niemanden durch Treulosigkeit gefangen hatte, durch erheuchelte Freundschaft gefasst worden.

XV. Epaminondas

1 (1) Epaminondas, der Sohn des Polymnis, aus Theben. Bevor wir über diesen schreiben, scheint Folgendes für die Leser mitgeteilt werden zu müssen, damit sie nicht fremde Sitten nach ihren eigenen beurteilen und damit sie nicht glauben, dass das, was für sie selbst zu unbedeutend ist, in gleicher Weise auch bei den Übrigen (unbedeutend) gewesen ist. (2) Wir wissen nämlich, dass die Musik [Beschäftigung mit der Musik] nach unseren Sitten von der Person eines Fürsten entfernt ist [nicht zu der Person eines Fürsten passt], das Tanzen aber sogar zu den Lastern [schlechten Eigenschaften] gerechnet wird. Dies alles wird bei den Griechen sowohl für schön als auch für lobenswert gehalten. (3) Da wir aber ein Bild von der Lebensweise und dem Lebenswandel des Epaminondas ausdrücken [ein anschauliches Bild geben] wollen, scheint es uns ratsam, nichts übergehen zu dürfen, was sich darauf bezieht, dieses deutlich zu machen. (4) Daher werden wir zuerst über seine Herkunft reden, dann in welchen (Unterrichts-)Fächern und von welchen (Lehrern) er ausgebildet worden ist, dann über seinen Charakter, seine geistigen Fähigkeiten und, wenn etwas anderes der Erinnerung würdig sein wird, zuletzt über seine Taten, die von den meisten den geistigen Vorzügen vorgezogen werden.

2 (1) Er war also vom Vater her, von dem wir gesprochen haben, von ehrbarer Herkunft, arm schon von seinen Vorfahren hinterlassen, aber so ausgebildet, dass kein Thebaner mehr (Unterricht) genossen hatte. Denn sowohl Zither zu spielen als auch zum Saitenspiel zu singen wurde ihm von Dionysios beigebracht, der in der Musik von nicht geringerem [keinem] Ruhm war als Damon oder Lampros, deren Namen allgemein bekannt sind; das Flötenspiel von Olympiodoros, das Tanzen von Kalliphron (beigebracht). (2) Doch als Lehrer der Philosophie hatte er Lysis aus Tarent, einen Pythagoreer. Diesem war er freilich so ergeben, dass der junge Mann den mürrischen und strengen alten Mann allen seinen Gleichaltrigen im freundschaftlichen Verkehr vorgezogen hat; und er entließ ihn nicht eher von sich, als bis er in den Lehrfächern seine Mitschüler um so viel übertroffen hat, dass leicht eingesehen werden kann, dass er alle in den übrigen Künsten auf gleiche Weise übertreffen werde. (3) Zwar ist dies nach unserer Gewohnheit unbedeutend und eher zu verachten; doch in Griechenland, jedenfalls einst, war es sehr löblich. (4) Nachdem er Ephebe geworden war und seine Tätigkeit der Ringschule zu widmen begann [er die Ringschule besuchte], war er sowohl auf die Größe seiner Kräfte bedacht als vielmehr auf Schnelligkeit. Denn er glaubte, dass jene sich auf die Übung der Athleten, diese sich auf den Bedarf des Krieges beziehe [zweckmäßig sei für]. (5) Daher übte er sich sehr viel im Laufen und im Ringen nur so weit, dass er im

Stehen (den Gegner) umfassen und (mit ihm) kämpfen konnte. Auf die Waffen aber verwendete er den meisten Eifer.

3 (1) Zu dieser Körperkraft waren auch noch sehr viele geistige Vorzüge gekommen. Er war nämlich bescheiden, klug, ernst, nutzte die Zeitumstände weise, war erfahren im Krieg, persönlich tapfer, von größtem Mut, so sehr wahrheitsliebend, dass er nicht einmal im Scherz log. (2) Zugleich war er enthaltsam, sanft und auf bewundernswerte Art duldsam, ertrug nicht nur das Unrecht des Volkes, sondern auch das seiner Freunde, verheimlichte vor allem Anvertrautes [war in anvertrauten Geheimnissen verschwiegen], was bisweilen nicht weniger nützt als beredt zu reden, war eifrig im Zuhören [ein eifriger Zuhörer]. Daraus nämlich werde, so glaubte er, am leichtesten gelernt. (3) Wenn er daher in einen Kreis gekommen war, in dem entweder über den Staat diskutiert oder ein Gespräch über die Philosophie geführt wurde, ging er niemals eher weg, als bis das Gespräch zu Ende geführt worden war. (4) Seine Armut ertrug er so leicht, dass er von der Staatsverwaltung nichts wenn nicht [nur] Ruhm erworben hat. Bei der Sorge für sich verzichtete er auf die Mittel seiner Freunde, ihren Kredit nutzte er, um andere zu unterstützen, oft so, dass man urteilen kann, ihm sei alles mit den Freunden gemeinsam gewesen. (5) Denn wenn einer seiner Mitbürger von den Feinden gefangen worden war oder ein junges Mädchen eines Freundes heiratsfähig war, das wegen seiner Armut nicht verheiratet werden konnte, hielt er einen Rat der Freunde ab und befahl nach dem Mitteln, wie viel jeder geben sollte. (6) Und wenn er diese Summe aufgebracht hatte, führte er, bevor er das Geld annahm, den, der es bringen wollte, zu denen, die es zusammenlegten, und erreichte, dass sie es selbst hinzählten, damit jener, an den dies gelangte, wisse, wie viel er jedem schulde.

4 (1) Seine Unbestechlichkeit aber wurde von einem Diomedon aus Kyzikos auf die Probe gestellt. Denn dieser hatte auf Bitten [Ersuchen] des Königs Artaxerxes übernommen, Epaminondas mit Geld zu bestechen. Dieser kam mit einer großen Menge Gold nach Theben und gewann den jungen Mann Mikythos mit fünf Talenten für seine Absicht, den Epaminondas damals besonders schätzte. Mikythos traf Epaminondas und erklärte ihm den Grund der Ankunft des Diomedon. (2) Doch jener sagte dem Diomedon ins Gesicht: „Ich brauche kein Geld. Denn wenn der König das will, was für die Thebaner nützlich ist, bin ich bereit, es umsonst zu tun, wenn (er) aber das Gegenteil (will), hat er nicht genügend Gold und Silber. Denn ich will nicht den Reichtum des Erdkreises für die Liebe zu meinem Vaterland annehmen. (3) Dass du mich ungekannt [ohne mich zu kennen] auf die Probe gestellt hast und mich für deinesgleichen gehalten hast, (darüber) wundere ich mich nicht und verzeihe dir; doch geh schleunigst, damit du nicht andere bestichst, da du mich nicht hast (bestechen) können. Und du, Mikythos, gib ihm das Silber zurück oder ich werde dich, wenn du es nicht unverzüglich machst, der Behörde übergeben.“ (4) Als Diomedon ihn bat, dass er in Sicherheit gehen könne und seinen Besitz, den er mitgebracht habe, (wieder) mitnehmen dürfe, antwortete er ihm: „Das wenigstens will ich machen, aber nicht in deinem, sondern in meinem Interesse, damit nicht einer, wenn dir das Geld genommen ist, sagen kann, es sei geraubt [durch Raub] zu mir [in meinen Besitz] gekommen, was ich nicht überbracht [als Geschenk] hätte annehmen wollen.“ (5) Als er diesen gefragt hatte, wohin er gebracht werden wolle, und jener Athen genannt hatte, gab er ihm Geleitschutz, damit er sicher (dorthin) gelange. Aber er hielt das nicht für genug [war damit nicht zufrieden], sondern erreichte durch den Athener Chabrias, den wir oben erwähnt haben, dass er unverletzt das Schiff bestieg [sich einschiffte]. Für seine Unbestechlichkeit ist dies ein hinreichendes Zeugnis. (6) Sehr viel können wir zwar berichten, doch es muss Maß gehalten werden, da wir ja beschlossen haben, nur in diesem einen Band das Leben mehrerer ausgezeichneter Männer zusammenzufassen, über die mehrere Schriftsteller vor uns in vielen tausend Versen ausführlich berichtet haben.

5 (1) Er war auch beredt, so dass kein Thebaner ihm an Beredsamkeit gleich war, und nicht weniger treffend in der Kürze der Antwort als schmuckvoll in zusammenhängender Rede. (2) Er hatte einen gewissen Menekleidas zum Widersacher, ebenfalls aus Theben, und Gegner in der Staatsverwaltung, ziemlich geübt im Reden, wie natürlich ein Thebaner (es war). Denn jenem Volk wohnt mehr Körperkraft als

Geistesgabe inne. (3) Weil er sah, dass Epaminondas sich im Kriegswesen hervortat, pflegte er die Thebaner zu ermahnen, den Frieden dem Krieg vorzuziehen, damit der Einsatz jenes Feldherrn nicht verlangt werde. Jener sagte zu ihm: „Du täuschst deine Mitbürger durch das Wort, dass du diese vom Krieg wegrufst. Denn du vermittelst ihnen unter dem Namen der Ruhe [des Friedens] die Knechtschaft. (4) Denn der Friede wird (nur) durch Krieg hervorgebracht. Daher müssen (diejenigen), die ihn dauerhaft [lange] genießen wollen, im Krieg geübt sein. Wenn ihr daher die Anführer Griechenlands sein wollt, müsst ihr euch im Lager aufhalten, nicht in der Ringschule." (5) Als ihm jener Menekleidas zugleich vorwarf, dass er keine Kinder habe und keine Frau geheiratet habe, und besonders seine Überheblichkeit, dass er für sich den Kriegsruhm Agamemnons erlangt zu haben scheine, antwortete jener jedoch: „Hör auf, Menekleidas, mir bezüglich einer Frau Vorwürfe zu machen; denn in dieser Sache will ich den Rat keines weniger annehmen (als deinen)." – Menekleidas stand nämlich im Verdacht des Ehebruchs. – (6) „Was das betrifft, dass du glaubst, ich eifere Agamemnon nach, (darin) täuschst du dich. Denn jener hat zusammen mit ganz Griechenland mit Mühe zehn Jahre lang eine einzige Stadt eingenommen, ich dagegen habe allein mit dieser, unserer Stadt an einem einzigen Tag ganz Griechenland dadurch, dass ich die Spartaner in die Flucht geschlagen hat, befreit [371 v. Chr. in der Schlacht bei Leuktra]."

6 (1) Als derselbe mit der Forderung in die Versammlung der Arkader gekommen war, ein Bündnis mit den Thebanern und Argivern zu schließen, und dagegen Kallistratos, ein Gesandter der Athener, der alle zu dieser Zeit an Beredsamkeit übertraf, forderte, lieber der Freundschaft mit den Athenern zu folgen, und in seiner Rede vielfach auf die Thebaner und Argiver losgegangen war und dabei Folgendes aufgestellt [behauptet] hatte, (2) die Athener müssten darauf Acht geben, was für einen Bürger ein jeder Staat hervorgebracht habe, nach denen sie über die Übrigen urteilen könnten: Argiver seien nämlich die Muttermörder Orest und Alkmaion gewesen, von Theben abstammend sei Oedipus, der, als er seinen Vater getötet hatte, mit seiner Mutter Kinder gezeugt habe. (3) Diesem sagte Epaminondas bei seiner Antwort, als er über das andere zu Ende geredet hatte, nachdem er zu jenen zwei Vorwürfen gekommen war, er wundere sich über die Torheit des athenischen Redners, der nicht bedacht habe, dass jene zwei unschuldig in der Heimat geboren seien, nachdem das Verbrechen begangen worden war, (aber) einst aus der Heimat vertrieben (worden seien) und von den Athenern aufgenommen worden seien. (4) Doch am meisten leuchtete seine Beredsamkeit hervor, (als er) vor der Schlacht bei Leuktra Gesandter in Sparta (war). Als die Gesandten aller Bundesgenossen dorthin zusammengekommen waren, deckte er vor der sehr zahlreichen Zusammenkunft der Gesandten die Tyrannei der Spartaner so auf, dass er durch jene Rede nicht weniger ihre Macht erschütterte als in der Schlacht bei Leuktra. Damals nämlich setzte er durch, dass die Spartaner, was sich später zeigte, der Hilfe der Bundesgenossen beraubt wurden.

7 (1) Dass er geduldig gewesen ist und das Unrecht seiner Mitbürger ertragen hat, weil er es für Unrecht hielt, dass er dem Vaterland zürne, (dafür) gibt es folgende Beweise: Als ihm seine Mitbürger aus Neid nicht die Führung des Heeres übertragen wollten und ein kriegsunerfahrener Feldherr gewählt worden war, durch dessen Irrtum jene Menge Soldaten [das ganze Heer] dahin gebracht worden war, dass alle um ihre Rettung in Furcht gerieten, weil sie durch einen Engpass eingeschlossen von den Feinden belagert wurden, begann man die Umsicht des Epaminondas zu vermissen [sich nach der Umsicht des E. zu sehnen]. Denn er war dort als Privatmann [ohne Führerstellung] im Rang eines gewöhnlichen Soldaten. (2) Als sie ihn um Hilfe baten, zeigte er keine Erinnerung an die Kränkung und führte das von der Belagerung befreite Heer unversehrt nach Hause, und er machte dies nicht nur einmal, sondern öfter. (3) Am berühmtesten aber war, als er das Heer gegen die Spartaner auf die Peloponnes geführt und zwei Kollegen hatte, von denen der eine Pelopidas war, ein tapferer und entschlossener Mann. Als diese alle durch die Beschuldigungen der Gegner verhasst waren und ihnen deshalb der Oberbefehl aberkannt worden war und andere Feldherrn an ihre Stelle nachgerückt waren, (4) gehorchte Epaminondas dem Volksbeschluss nicht und überredete seine Kollegen, dasselbe zu tun, und führte den Krieg, den er begonnen hatte. Denn er erkannte, dass das ganze Heer, wenn er dies nicht getan hätte, wegen der Unwissenheit und Unkenntnis der Feldherren im Krieg zugrunde gehen werde. (5) Es gab ein Gesetz in Theben, das den mit dem Tod bestrafte, wenn einer die Herrschaft länger innehatte, als es durch das Gesetz vorher bestimmt war. Obwohl Epaminondas sah, dass dieses Gesetz zur Erhaltung des Staates beantragt war, wollte er (dennoch) nicht zum Verderben des Staats beitragen und führte vier Monate länger, als das Volk beschlossen hatte, den Oberbefehl.

8 (1) Nachdem man nach Hause zurückgekehrt war, wurden seine Kollegen dieses Verbrechens angeklagt. Jener erlaubte ihnen, dass sie die ganze Schuld auf ihn schoben, und behauptete, es sei durch sein Zutun geschehen, dass sie dem Gesetz nicht gehorchten. Nachdem jene durch diese Verteidigung von der Gefahr befreit worden waren, glaubte niemand, dass Epaminondas sich (vor Gericht) stellen werde, weil er nicht habe [wisse], was er sagen sollte. (2) Doch jener kam vor Gericht, leugnete nichts von dem, was seine Gegner ihm zum Vorwurf machten, gestand alles, was seine Kollegen gesagt hatten und weigerte sich nicht, die Strafe des Gesetzes auf sich zu nehmen, um eines jedoch hat er sie gebeten, in seinem Protokoll zu schreiben: (3) „Epaminondas wurde von den Thebanern mit dem Tod bestraft, weil er sie gezwungen hat, bei Leuktra die Spartaner zu besiegen, die vor ihm als Feldherrn [vor seinem Oberkommando] keiner der Boiotier in der Schlacht anzuschauen gewagt hat, (4) und weil er durch eine Schlacht nicht nur Theben vom Verderben zurückgezogen [gerettet] hat, sondern auch ganz Griechenland befreit hat und die Macht beider (Staaten) dahin gebracht habe, dass die Thebaner Sparta belagerten, die Spartaner damit zufrieden waren, wenn sie heil davonkämen, (5) und nicht eher aufhörte, Krieg zu führen, bis er nach Wiederherstellung Messenes ihre Stadt durch Belagerung eingeschlossen hat.“ Als er dies gesagt hatte, entstand ein allgemein frohes Gelächter, und kein Richter wagte es, über ihn seine Stimme abzugeben. So ist er aus der Gerichtsverhandlung über Leben und Tod mit höchstem Ruhm gegangen.

9 (1) Als dieser zuletzt als Feldherr nach Aufstellung der Schlachtreihe zu kühn auf die Feinde eindrang, wurde er von den Spartanern erkannt; alle griffen, weil sie glaubten, dass das Wohl des Vaterlandes auf dem Verderben dieses einen beruhe, diesen einen an und zogen sich nicht eher zurück, als bis sie nach einem großen Gemetzel und nach dem Tod vieler den sehr tapfer kämpfenden Epaminondas, von einem Speer aus der Ferne durchbohrt, selbst zusammenbrechen sahen. (2) Durch seinen Fall wurden die Boiotier eine Zeitlang aufgehalten und gingen dennoch nicht eher aus der Schlacht, als bis sie die Widerstand Leistenden niedergehauen haben. (3) Doch als Epaminondas merkte, dass er eine todbringende Wunde empfangen hatte und dass er gleichzeitig, wenn er die Lanzenspitze, die von der Lanze im Körper geblieben war, herausgezogen habe, sogleich seine Seele aushauchen werde, hielt er sie solange zurück, bis gemeldet worden war, die Boiotier hätten gesiegt. (4) Nachdem er dies gehört hatte, sagte er: „Ich habe genug gelebt, denn ich sterbe unbesiegt." Dann ist er nach Herausziehen der Lanzenspitze sogleich entseelt worden [gestorben].

10 (1) Dieser hat niemals eine Frau geheiratet. Als er deswegen von Pelopidas, der einen missratenen Sohn hatte, getadelt wurde, dass er keine Kinder hinterlasse, und er sagte, er sorge darin schlecht für sein Vaterland, antwortete er: „Sieh zu, dass du nicht schlechter dafür sorgst, der du einen solchen Sohn zurücklässt. (2) Aber mir kann ein Nachkomme nicht fehlen. Denn ich hinterlasse als meine Tochter die Schlacht von Leuktra, die nicht nur mich überleben soll, sondern auch unsterblich sein soll." (3) Zu dieser Zeit, (als) die Verbannten unter der Führung des Pelopidas Theben belagerten und die Besatzung der Spartaner aus der Burg vertrieben war, hielt Epaminondas, solange das Blutbad der Bürger [unter den Bürgern] angerichtet wurde, sich zu Hause, weil er weder die Schlechten verteidigen noch bekämpfen wollte, um die Hände nicht mit dem Blut seiner Leute zu beflecken. Denn er glaubte, dass ein Sieg im Bürgerkrieg unheilvoll sei. Zugleich stand er, nachdem man bei Kadmeia gegen die Spartaner zu kämpfen begonnen hatte, unter den Ersten. (4) Über seine Tugenden und sein Leben ist genug gesagt, wenn ich noch dieses eine hinzufüge, was niemand ableugnen wird, dass Theben sowohl, bevor Epaminondas geboren war, als auch nach seinem Untergang fortwährend fremdem Oberbefehl gehorcht hat, solange jener den

Staat geleitet hat, die Hauptstadt ganz Griechenlands war. Daraus kann man erkennen, dass ein Mann mehr als ein Staat wert gewesen ist.

XVI. Pelopidas

1 (1) Pelopidas aus Theben ist mehr den Geschichtsschreibern als der Menge bekannt. Ich bin mir nicht sicher, wie ich über seine Tugenden berichten soll, weil ich fürchte, dass ich, wenn ich die Umstände darzulegen beginne, nicht sein Leben zu erzählen, sondern Geschichte zu schreiben scheine; wenn ich die Dinge zu (oberflächlich) berühre, (fürchte ich), dass es den in der griechischen Literatur Ungebildeten weniger deutlich erscheint, wie groß jener Mann gewesen ist. Daher will ich beidem vorbeugen, soviel ich kann, und werde sowohl der Übersättigung als auch der Unwissenheit der Leser abhelfen. (2) Als der Spartaner Phoibidas ein Heer nach Olynthos führte und durch Theben marschierte, besetzte er die Burg der Stadt, die Kadmeia genannt wird, auf Betreiben weniger Thebaner, die, um der gegnerischen Partei umso leichter Widerstand zu leisten, die Spartaner unterstützten, und handelte hierin nicht aus persönlicher Eingebung, nicht im Auftrag des Staates. (3) Deshalb zogen die Spartaner ihn vom Heer ab und bestraften ihn mit Geld, aber darum gaben sie den Thebanern doch nicht die Burg zurück, weil sie es nach Freundschaftsbeginn für besser hielten, dass sie belagert als befreit würden. Denn nach dem Peloponnesischen Krieg und dem Sieg über Athen glaubten sie, dass sie es mit den Thebanern zu tun hätten und diese die Einzigen seien, die es wagten, sich ihnen gegenüber zu widersetzen. (4) In dieser Gesinnung hatten sie ihren Freunden die oberste Gewalt gegeben und die Anführer der anderen Partei getötet, andere in die Verbannung geschickt. Unter diesen entbehrte der Pelopidas, über den wir zu schreiben angefangen haben, nach seiner Vertreibung des Vaterlandes [hatte sein Vaterland meiden müssen].

2 (1) Sie hatten sich fast alle nach Athen begeben, nicht um Muße zu pflegen, sondern um nach der günstigsten Gelegenheit, die der Zufall jedem in größter Nähe geboten hatte, zu streben, dort das

Vaterland wiederzugewinnen. (2) Als ihnen der Zeitpunkt günstig erschien, wählten sie zusammen mit denen, die die gleiche Gesinnung wie die Thebaner hatten, den Tag, um die Feinde zu überfallen und den Staat zu befreien, an dem die höchsten Beamten zusammen speisten [ein gemeinschaftliches Gastmahl veranstalteten]. (3) Große Taten werden oft nicht mit eben so großen Machtmitteln ausgeführt, doch zweifellos ist niemals eine so große Macht von einem so unbedeutenden Anfang aus [von einer anfangs so unbedeutenden Unternehmung aus] vernichtet worden. Denn (nur) zwölf junge Männer kamen von denen zusammen, die mit der Verbannung bestraft worden waren, während es überhaupt nicht mehr als hundert waren, die sich einer so großen Gefahr aussetzten. Durch diese geringe Zahl ist die Macht der Spartaner erschüttert worden. (4) Denn diese bekriegten zu dieser Zeit die Partei der Gegner ebenso wie die Spartaner, die Anführer ganz Griechenlands waren. Die glanzvolle Herrschaft dieser brach, und zwar nicht viel später, in der Schlacht von Leuktra, von diesem Anfang erschüttert, zusammen. (5) Jene zwölf also, deren Anführer Pelopidas war, zogen, als sie Athen tagsüber verlassen hatten, so dass sie bei Einbruch der Dunkelheit nach Theben gelangen konnten, mit Jagdhunden aus, Netze tragend, in bäuerlicher Kleidung, damit sie unter umso geringerem Verdacht marschieren konnten. Als diese gerade zu der Stunde, zu der sie (ankommen) wollten, angekommen waren, kehrten sie in das Haus des Charon ein, von dem sowohl Zeitpunkt als auch der Tag angegeben war.

3 (1) An dieser Stelle möchte ich gern einschieben, auch wenn es von dem vorliegenden Gegenstand getrennt ist [nicht zusammenhängt], zu welch großem Unglück gewöhnlich allzu großes Vertrauen führt. Denn zu den Ohren der thebanischen Beamten gelangte sogleich, dass die Verbannten in die Stadt gekommen seien. Jene, dem Wein und dem Mahl ergeben, achten dies in dem Maße gering, dass sie sich nicht einmal bemühten, eine so wichtige Sache betreffend nachzuforschen. (2) Hinzu kam noch, was ihre Tollheit noch mehr offenbarte: Es wurde nämlich ein Brief aus Athen von Archinos überbracht, einem von denen, der damals das höchste Amt in Theben innehatte, in dem alles über ihren Aufbruch genau aufgeschrieben war. Als dieser ihm, während er schon zu Tische lag, beim Gastmahl gebracht worden war, so wie er gesiegelt war [gesiegelt, wie er war], legte er ihn unter ein Kissen und sagte dabei: „Ernste Angelegenheiten verschiebe ich auf morgen." (3) Doch jene alle wurden, als die Nacht schon vorgerückt war, betrunken von den Verbannten unter der Führung des Pelopidas getötet. Als dies erledigt war und die Menge zu den Waffen und zu der Freiheit gerufen worden war, liefen nicht nur die, die in der Stadt waren, zusammen, sondern auch von überall her vom Land zusammen, vertrieben die Besatzung der Spartaner von der Burg, befreiten das Vaterland von der Belagerung, töteten teils die Urheber der Besetzung von Kadmeia und trieben sie teils in die Verbannung.

4 (1) In dieser so stürmischen Zeit war Epaminondas, wie wir oben berichtet haben, solange gegen Bürger gekämpft wurde, ruhig zu Hause. Daher kommt dieser Ruhm der Befreiung Thebens allein Pelopidas zu, die Übrigen (kommen ihm) fast gemeinsam mit Epaminondas zu. (2) Denn in der Schlacht bei Leuktra war dieser unter dem Befehlshaber Epaminondas Anführer einer auserlesenen Schar, die als Erste die Schlachtreihe der Spartaner niederwarf. (3) Außerdem war er bei allen gefährlichen Unternehmungen dabei – so wie z. B., als er Sparta bestürmte, befehligte er einen Flügel –, und damit Messene um so schneller wiederhergestellt würde, brach er als Gesandter zu den Persern auf. Kurzum, dies war die zweite Persönlichkeit in Theben, aber doch so die zweite, dass er dem Epaminondas sehr nahe war [kam].

5 (1) Er hatte aber mit einem feindlichen Schicksal zu kämpfen. Denn anfangs entbehrte er, wie wir gezeigt haben, als Verbannter des Vaterlandes und als er Thessalien wieder in die Macht der Thebaner bringen wollte und sich durch das Recht der Gesandtschaft [Gesandtenrecht] für genügend geschützt hielt, das bei allen Völkern unverletzlich zu sein pflegte, wurde er von dem Tyrannen Alexander von Pherai zugleich mit Ismenias ergriffen und ins Gefängnis geworfen. (2) Ihn befreite Epaminondas, indem er Alexander besiegte. Nach dieser Tat konnte er sich niemals im Geist [innerlich] mit dem aussöhnen, von dem er verletzt worden war. Daher überredete er die Thebaner, Thessalien zu Hilfe aufzubrechen und seine Tyrannen zu vertreiben. (3) Da ihm der Oberbefehl dieses Krieges übertragen wurde und er mit dem Heer dorthin aufgebrochen war, zögerte er nicht, sobald er den Feind erblickte, zu kämpfen. (4) Als er in dieser Schlacht Alexander bemerkte, trieb er, von Zorn erfüllt, sein Pferd auf ihn ein und fiel, weit von seinen Leuten entfernt, von einem Hagel von Speeren durchbohrt. Und dies geschah, als der Sieg sich ihm schon zuwandte. Denn die Truppen der Tyrannen waren schon ins Wanken gebracht. (5) Daher beschenkten alle Staaten Thessalien den gefallenen Pelopidas mit goldenen Kränzen, Statuen aus Erz und seine Kinder mit viel Land.

XVII. Agesilaos

1 (1) Agesilaos aus Sparta ist sowohl von den übrigen Schriftstellern als auch ganz besonders von Xenophon, dem Schüler des Sokrates, sehr gelobt worden. Mit diesem verkehrte er nämlich sehr freundschaftlich. (2) Dieser hatte zuerst mit Leotychides, dem Sohn seines Bruders, eine Auseinandersetzung um die Königsherrschaft. Es war nämlich von ihren Vorfahren, den Spartanern, überlieferte Sitte, dass sie immer zwei Könige haben sollten, mehr dem Namen als der Herrschaft nach, aus den beiden Familien des Prokles und des Eurysthenes, die die ersten Könige aus dem Geschlecht des Herkules in Sparta waren. (3) Dass ein Mitglied aus der einen Familie an Stelle eines solchen aus der anderen Familie wurde [dass beide Könige aus einem Haus waren], war nicht erlaubt. So hatte eine jede von ihnen ihre eigene Erbfolge. Zuerst wurde die Erwägung angestellt, wer der Älteste von den Kindern desjenigen sei, der während seiner Herrschaft gestorben war; wenn dieser aber keine männliche Nachkommenschaft hinterlassen hatte, dann wurde der gewählt, der von der Verwandtschaft der Nächste war. (4) Der König Agis, der Bruder des Agesilaos, war gestorben. Er hatte den Sohn Leotychides hinterlassen. Jener hatte ihn nach seiner Geburt nicht anerkannt, im Sterben aber gesagt, dass derselbe der Seinige [sein Sohn] sei. Dieser kämpfte mit Agesilaos, seinem Onkel, um die Ehre der Königsherrschaft und erlangte nicht, was er anstrebte. (5) Denn mit Unterstützung des Lysander, einem, wie wir oben erwähnt haben, parteisüchtigen und in diesen Zeiten mächtigen Mann, wurde Agesilaos vorgezogen.

2 (1) Sobald sich dieser der Herrschaft bemächtigt hatte, überredet er die Spartaner, ein Heer nach Asien zu schicken und den König in Krieg zu verwickeln, indem er erklärte, dass es besser sei, dass in Kleinasien als (dass) in Europa gekämpft werden. Denn das Gerücht hatte sich verbreitet, dass Artaxerxes Flotten und Landheere rüste, die er nach Griechenland schicken wollte. (2) Nachdem ihm die Vollmacht gegeben worden war, wandte er so große Schnelligkeit an, dass er mit seinen Truppen früher nach Asien gelangt war, als die königlichen Satrapen wussten, dass er aufgebrochen war. Daher kam es, dass er sie alle ungerüstet und nichtsahnend antraf. (3) Als Tissaphernes das erkannte, der damals den Oberbefehl unter den königlichen Befehlshabern hatte, erbat er von den Spartanern Waffenstillstand, indem er vorgab, er bemühe sich, dass die Spartaner sich mit dem König einigten, in Wirklichkeit aber, um die Truppen auszurüsten, und er erlangte ihn [den Waffenstillstand] für drei Monate. (4) Beide aber schworen, dass sie den Waffenstillstand ohne List wahren würden. Agesilaos blieb bei diesem Abkommen mit höchster Treue, Tissaphernes dagegen rüstete nicht anderes als Krieg. (5) Obgleich der Spartaner dies merkte, hielt er dennoch seinen Eid und sagte, er erreiche viel damit, dass Tissaphernes durch seinen Meineid sowohl die Menschen seiner Sache entfremde als sich auch die Götter erzürnt mache, er aber stärke dadurch, dass er das heilige Versprechen halte, das Vertrauen des Heeres, da es merke, dass der Wink der Götter mit ihnen sei [auf ihrer Seite sei], und dass er die Menschen freundschaftlicher für sich gewinne, weil sie gewöhnlich für die Partei ergriffen, die sie das Treueversprechen bewahren sähen.

3 (1) Nachdem der Termin des Waffenstillstandes vorüber war, hatte der Barbar, ohne (daran) zu zweifeln, dass die Feinde, weil ihm selber die meisten Wohnsitze in Karien gehörten und diese Gegend zu diesen Zeiten für sehr reich gehalten wurde, vornehmlich dorthin einen Angriff machen würden, alle seine Truppen dort zusammengezogen. (2) Doch Agesilaos wandte sich nach Phrygien und verwüstete es, bevor Tissaphernes sich irgendwo rührte [irgendeinen Vorstoß machte]. Nachdem die Soldaten sich mit großer Beute bereichert hatten, führte er das Heer nach Ephesos zurück, um zu überwintern, und rüstete dort, nachdem Waffenschmieden eingerichtet worden waren, mit großem Eifer zum Krieg. Und damit sie sich um so eifriger bewaffneten und sich umso auffallender ausrüsteten, stellte er Belohnungen in Aussicht, mit denen die beschenkt werden sollten, deren Eifer dabei herausragend gewesen war. (3) Dasselbe machte er bei den (verschiedenen) Arten der Waffenübungen, (nämlich), dass er (diejenigen), die sich vor den Übrigen ausgezeichnet hatten, mit großen Geschenken versah [reichlich beschenkte]. Dadurch erreichte er, dass er ein sowohl bestens gerüstetes als auch geübtes Heer hatte. (4) Als ihm der Zeitpunkt gut schien, die Truppen aus dem Winterlager herauszuziehen, sah er, dass die Feinde, wenn er öffentlich verkündet habe, wohin er marschieren wolle, es nicht glauben (werden) und andere Gegenden mit Schutztruppen besetzen werden und nicht daran zweifeln werden, dass er etwas anderes machen werde, als er verkündet habe. (5) Als jener daher gesagt hatte, er werde nach Sardes gehen, glaubte Tissaphernes, dasselbe Karien verteidigen zu müssen. Als ihn seine Ansicht hierbei getäuscht hatte und er gesehen hatte, dass er durch Klugheit besiegt war, brach er seinen Leuten zu spät zu Hilfe auf. Denn als er dorthin gekommen war, hatte Agesilaos sich schon nach Eroberung vieler Orte großer Beute bemächtigt. (6) Als der Spartaner aber sah, dass die Feinde an Reiterei überlegen waren, ließ er niemals in der Ebene Gewalt über sich geben [sich zum Kampf stellen] und ließ sich (nur) in den Gegenden in einen Kampf ein, in denen die Fußtruppen stärker waren. Er vertrieb also, sooft er (mit ihnen) zusammentraf, weitaus größere Truppen der Gegner und hielt sich so in Asien auf, dass er nach der Meinung aller für den Sieger gehalten wurde [als Sieger galt].

4 (1) Als dieser schon mit dem Gedanken spielte, zu den Persern aufzubrechen und den König selbst anzugreifen, kam ein Bote im Auftrag des Ephoren zu ihm aus der Heimat, die Athener und Boiotier hätten den Spartanern den Krieg erklärt. Daher solle er nicht zögern zu kommen. (2) Dabei muss seine Vaterlandsliebe nicht weniger hoch geachtet werden als seine kriegerische Tüchtigkeit. Obwohl dieser ein siegreiches Heer kommandierte und die größte Zuversicht hatte, das Königreich der Perser zu erobern, gehorchte er (dennoch) den Befehlen der abwesenden Behörden mit so großer Bescheidenheit aufs Wort, als ob er als Privatmann am Versammlungsplatz Spartas wäre. Wenn doch unsere Feldherrn seinem Beispiel hätten folgen wollen! Doch wir wollen dorthin [zum Gegenstand] zurückkehren. (3) Agesilaos zog dem reichsten Königreich den guten Ruf vor und hielt es für weitaus ruhmvoller, wenn er den Einrichtungen [Gesetzen] des Vaterlandes gehorchte als Asien im Krieg besiegt zu haben. (4) In dieser Gesinnung führte er die Truppen über den Hellespont und gebrauchte eine derartige Schnelligkeit, dass er den Weg, den Xerxes im Laufe eines Jahres zurückgelegt hatte, innerhalb von dreißig Tagen zurücklegte. (5) Als er schon nicht mehr weit von der Peloponnes entfernt war, versuchten die Athener, Boiotier und die Übrigen ihrer Bundesgenossen ihm bei Koroneia in den Weg zu treten. Diese alle besiegte er in einer schweren Schlacht. (6) An diesem Sieg war sicher das Ruhmreichste, dass er, als die meisten sich von der Flucht in den Tempel der Minerva geflüchtet hatten und man ihn fragte, was nach seinem Willen mit ihnen geschehen solle, obwohl er einige Wunden in der Schlacht empfangen hatte und auf alle zornig schien, die gegen ihn die Waffen erhoben hatten, dem Zorn dennoch die Gottesfurcht vorzog und verbot, dass sie verletzt würden. (7) Aber das machte er nicht nur in Griechenland, dass er die Tempel der Götter für heilig hielt, sondern schonte auch bei den Barbaren alle Götterbilder und Altäre mit höchster Achtung. (8) Daher sprach er offen aus, er wundere sich, dass die nicht unter die Zahl der Tempelschänder gerechnet werden, die den Schutzflehenden der Götter [die sich unter den Schutz der Götter geflüchtet hatten] geschadet hätten, oder nicht mit schweren Strafen bestraft würden, die die Gottesfrucht verletzten, als die, die Heiligtümer beraubten.

5 (1) Nach dieser Schlacht zog sich der ganze Krieg um Korinth zusammen und wurde daher „der Korinthische“ genannt. (2) Als hier in einer einzigen Schlacht 10000 (der) Feinde unter der Führung des Agesilaos gefallen waren und die Macht der Feinde durch diese Tat geschwächt schien, war er von der Anmaßung des Ruhmes [von überheblichem Stolz] so weit entfernt, dass er das Schicksal Griechenlands beklagte, dass so viele von ihm besiegte durch die Schuld der Gegner gefallen waren. Denn mit jener Menge hätten die Perser, wenn man [die Griechen] einen gesunden Menschenverstand hätte [hätten], von Griechenland mit Vernichtung bestraft werden können. (3) Als derselbe die Gegner in die Mauern getrieben hatte und ihn viele aufforderten, Korinth zu bestürmen, sagte er, dies passe nicht zu seiner Tüchtigkeit [gebühre sich nicht für seine Tüchtigkeit]. Denn er sei derjenige, wie er sagte, der die Abgefallenen zu ihren Pflichten zurückzukehren zwinge, nicht der die vornehmsten Städte Griechenlands erobere. (4) „Denn wenn wir", sagte er, „diejenigen auslöschen wollten, die mit uns zusammen den Barbaren gegenübergestanden haben, werden wir uns selbst besiegen, während jene Ruhe haben. Dadurch werden sie uns ohne Mühe, wenn sie wollen, überwältigen."

6 (1) Unterdessen widerfuhr den Spartanern bei Leuktra jene (berühmte) Niederlage. Um nicht dorthin aufbrechen zu müssen, wollte er, obwohl er von den meisten gedrängt wurde auszurücken, als ob er den Ausgang ahnte, nicht ins Feld ziehen. Derselbe aber erwies sich, als Epaminondas Sparta bestürmte und die Stadt ohne Mauern war, als derartiger Feldherr, dass es zu dieser Zeit allen schien, dass Sparta, wenn jener nicht gewesen wäre, zukünftig nicht gewesen wäre [nicht mehr bestanden hätte]. (2) In dieser Gefahr allerdings bedeutete die Schnelligkeit seines Planes für alle die Rettung. Denn als einige durch die Ankunft der Feinde sehr erschreckten jungen Männer zu den Thebanern überlaufen wollten und einen erhabenen Platz außerhalb der Stadt eingenommen hatten, kam Agesilaos, der sah, dass es äußerst gefährlich sein werde, wenn bemerkt werde, dass jemand zu den Feinden überzulaufen versuche, mit seinen Leuten dorthin und lobte, als ob sie in guter Absicht gehandelt hätten, ihren Plan, dass sie diesen Platz besetzt hätten [und sagte], dass auch er bemerkt habe, dass dies gemacht werden müsse. (3) So gewann er die jungen Männer mit vorgetäuschtem Lob zurück und ließ den Ort, als er einige von seinen Begleitern dazugesellt hatte, sicher zurück. Denn jene wagten, nachdem die Zahl derjenigen vergrößert worden war, die des Planes nicht teilhaftig waren [nicht in den Plan eingeweiht waren], sich nicht zu bewegen und zwar umso lieber, weil sie glaubten, was sie ersonnen hatten, sei verborgen.

7 (1) Ohne Zweifel [Zweifellos] haben sich die Spartaner nach der Schlacht bei Leuktra niemals erholt und ihre alte Herrschaft nicht wiedererlangt, obwohl Agesilaos unterdessen niemals aufhörte, das Vaterland, womit er konnte, zu unterstützen. (2) Denn da die Spartaner besonders Geld brauchten, diente jener allen, die vom König abgefallen waren, zum Schutz [schützte sie]. Von diesen mit einer großen Geldsumme beschenkt, unterstützte er das Vaterland. (3) Und dabei war jenes vor allem bewundernswert, dass er, obwohl ihm von den Königen, Fürsten und Staaten die größten Geschenke (zusammen)gebracht wurden, niemals etwas nach Hause trug [sich nichts aneignete und für sich behielt], nichts an seiner Lebensweise, nichts an der Kleidung der Spartaner änderte. (4) Mit demselben Haus war er zufrieden, das Eurysthenes, der Stammvater seiner Vorfahren, genutzt hatte. Wer dieses betreten hatte, konnte kein Zeichen der Genusssucht, keines der Verschwendung sehen, dagegen sehr viele (Zeichen) der Abhärtung und der Enthaltsamkeit. Er war nämlich so eingerichtet, dass es sich in nichts von dem jedes beliebigen mittellosen Privatmannes unterschied.

8 (1) Und dieser so bedeutende Mann hatte zwar die Natur als Gönnerin bei der Verteilung der Geisteskräfte, bei der Bildung des Körpers aber (die Natur) als missgünstig vorgefunden [die Natur hatte ihn schlecht bedacht]. Denn er war sowohl von niedrigem Wuchs als auch von schmächtigem Körper und an einem Fuß lahm. Dieser Umstand trug auch zu einiger Hässlichkeit bei, und Unbekannte beachteten ihn, wenn sie nicht sein Gesicht betrachteten, nicht; die aber seine Tugenden kannten, konnten (ihn) nicht genug bewundern. (2) Dieses Schicksal [dass er nicht beachtet wurde] widerfuhr ihm, als er (als Greis) von 80 Jahren dem Tachos zu Hilfe nach Ägypten gezogen war und zusammen mit seinen Leuten an der Meeresküste ohne ein Dach gelegen hatte und ein solches Lager hatte, dass die Erde mit Streu bedeckt war und nichts als ein Fell darüber geworfen war, und alle Begleiter in derselben dürftigen und abgetragenen Kleidung sich (dort) gelagert hatte, so dass ihre äußere Ausstattung nicht nur niemandem unter ihnen als den König anzeigte, sondern den Verdacht wachrief, es seien nicht sehr reiche Menschen. (3) Als das Gerücht von seiner Ankunft zu den königlichen (Beamten) gedrungen war, wurden schnell Geschenke aller Art dorthin gebracht. Auf ihre Frage nach Agesilaos wurde ihnen kaum glaublich gemacht, dass er einer von denen sei, die damals (dort) lagerten. (4) Als diese im Auftrag des Königs (das), was sie herbeigebracht hatten, übergeben hatten, nahm jener außer Kalbfleisch und derartiger Zukost, die der gegenwärtige Zeitpunkt erforderte, nichts an. Salben, Kränze und Nachtisch verteilte er an die Sklaven, das Übrige ließ er wieder zurückbringen. (5) Daher verachteten ihn die Barbaren noch mehr, weil sie glaubten, er habe aus Unkenntnis der guten Sachen gerade jene genommen. (6) Als dieser aus Ägypten zurückkehrte, von dem König Nektanabis mit 220 Talenten beschenkt, die er seinem Volk als Geschenk geben sollte, und in den Hafen gekommen war, der der des Menelaos genannt wird, zwischen Kyrene und Ägypten liegend, starb er, an einer Krankheit erkrankt. (7) Dort umgossen ihn die Freunde, um ihn leichter nach Sparta überführen zu können, weil sie keinen Honig hatten, mit Wachs [um den Leichnam vor der Verwesung zu bewahren] und brachten ihn so nach Hause.

XVIII. Eumenes

1 (1) Eumenes aus Kardia. Wenn der Tüchtigkeit dieses Mannes das gleiche Glück bestimmt wäre, (wäre) jener zwar nicht größer, aber weitaus berühmter und sogar geehrter (gewesen), weil wir bedeutende Männer nach ihrer Tüchtigkeit, nicht nach ihrem Glück beurteilen. (2) Denn da seine Lebenszeit in die Zeiten gefallen war, in denen die Makedonen die größte Macht hatten, tat es ihm großen Abbruch, dass er, während er unter ihnen lebte, einem fremden Staat angehörte, und nichts anderes fehlte ihm als eine edle Abkunft. (3) Wenn jener auch von Hause aus von höchster Abstammung war, ertrugen es die Makedonier mit Unwillen, dass er ihnen manchmal vorgezogen wurde. Er übertraf nämlich alle an Sorgfalt, Wachsamkeit, Ausdauer, Schlauheit und Geistesgegenwart. (4) Dieser schloss als sehr junger Mann Freundschaft mit Philipp, dem Sohn des Amyntas, und kam in kurzer Zeit in engste Vertrautheit (mit ihm) [wurde sein engster Vertrauter]. Denn schon an dem jungen Mann leuchteten die Gaben seiner Tüchtigkeit hervor. (5) Daher hatte er ihn an Stelle eines Schreibers bei sich, was bei den Griechen für ehrenvoller galt als bei den Römern. Denn bei uns werden die Schreiber, so wie sie es tatsächlich sind, für Söldner gehalten; doch bei jenen wird im Gegenteil keiner zu diesem Amt zugelassen, wenn nicht von ehrenwertem Ansehen, bewährter Zuverlässigkeit und Fleiß, weil es notwendig ist, dass er an allen Beratungen teilhat. (6) Diesen Freundschaftsposten hielt er bei Philipp sieben Jahre lang. Nach dessen Tod war er dreizehn Jahre lang bei Alexander in demselben Rang [bekleidete er dieselbe Würde]. Im letzten Jahr kommandierte er den einen Reiterflügel, der „ Hetairike" genannt wurde [Reiterei der Freunde, Leibgarde]. Beiden stand er bei der Beratung immer bei und wurde bei allem für beteiligt gehalten.

2 (1) Nach dem Tod Alexanders in Babylon, als die Königreiche unter die einzelnen Freunde aufgeteilt wurden, die Gesamtgewalt demselben zur Bewahrung übergeben war, (2) dem Alexander im Sterben seinen Ring gegeben hatte, dem Perdikkas – Daher hatten alle vermutet, dass er ihm das Königreich übergeben habe, solange bis seine Kinder mündig geworden seien. Krateros und Antipater waren nämlich abwesend, die diesem vorauszugehen schienen; Hephaistion, den Alexander als Einzigen, was man leicht ersehen konnte, am meisten geschätzt hatte, war tot –, in dieser Zeit wurde dem Eumenes Kappadokien übergeben oder vielmehr zugesagt. Denn damals war es in der Gewalt der Feinde. (3) Perdikkas hatte diesen mit großem Eifer für sich gewonnen, weil er große Treue und Fleiß in dem Mann sah, ohne zu zweifeln, dass er, wenn er ihn an sich gezogen hätte, ihm von großem Nutzen dabei sein werde, was er vorbereite. Er dachte nämlich, dass fast alle in großen Reichen wünschten, die Teile aller an sich zu reißen und zu vereinigen. (4) Aber das machte jener nicht allein, sondern auch alle Übrigen, die mit Alexander befreundet waren, (machten es). Als Erster beschloss Leonnatos, sich Makedoniens zu bemächtigen. Dieser versuchte Eumenes durch viele und große Versprechungen zu überreden, Perdikkas im Stich zu lassen und mit ihm ein Bündnis zu schließen. (5) Als er ihn nicht bewegen konnte, versuchte er ihn zu töten, und hätte es getan, wenn jener nicht heimlich bei Nacht von seinem Posten geflohen wäre.

3 (1) Unterdessen wurden jene Kriege angefacht, die nach dem Tod Alexanders bis zur völligen Vernichtung geführt wurden, und alle schlossen sich zusammen, um Perdikkas zu überwältigen. Wenn es auch schien, dass dieser schwach sei, weil er gezwungen werde, sich allein zu widersetzen, ließ er den Freund dennoch nicht im Stich und war nicht so sehr auf Rettung als auf Treue bedacht [gieriger nach]. (2) Diesem hatte Perdikkas die Führung über den Teil Kleinasiens übertragen, der zwischen dem Taurusgebirge und dem Hellespont liegt, und jenen allein den europäischen Gegnern entgegengestellt; er selbst war, um Ägypten zu bestürmen, gegen Ptolemaios aufgebrochen. (3) Da Eumenes weder große Truppen hatte, weil sie sowohl ungeübt als auch noch nicht viel vorher zusammengezogen worden waren, man aber sagte, Antipater und Krateros hätten mit einem großen Heer der Makedonen den Hellespont überschritten, (4) sowohl durch Berühmtheit als auch durch Kriegserfahrung ausgezeichnete Männer – die makedonischen Soldaten aber damals in dem Ruf standen, in dem jetzt, wie man sagt, die römischen (stehen). Denn die sind immer für die Tapfersten gehalten worden, die sich des Oberbefehls bemächtigten. – Eumenes erkannte, wenn seine Truppen erfahren hätten, gegen wen sie geführt würden, würden sie nicht nur gehen, sondern auch zugleich mit dieser Nachricht auseinanderfallen. (5) Daher war folgender sein klügster (Einfall), die Soldaten auf Schleichwegen zu führen, auf denen sie die Wahrheit nicht hören konnten, und ihnen einzureden, sie brächen gegen einige Barbaren auf. (6) Daher hielt er an diesem Vorsatz fest und schickte das Heer nicht eher in Schlachtreihe und begann nicht eher die Schlacht, als bis seine Soldaten wussten, gegen wen sie die Waffen zum Zusammenstoß brachten. Er erreichte jenes auch durch frühere Besetzung des Geländes, so dass er eher mit der Reiterei kämpfte, in der er umso stärker war, als mit dem Fußvolk, in dem er schlechter [schwächer] war.

4 (1) Als nach deren sehr heftigem Zusammenstoß ein großer Teil des Tages gekämpft worden war, fiel der Anführer Krateros und Neoptolemos, der die zweite Stelle der Herrschaft innehatte. Mit diesem stieß Eumenes persönlich zusammen. (2) Als diese, indem sie sich gegenseitig umfassten, von ihren Pferden zur Erde gefallen waren, wurden sie, damit man leicht erkennen konnte, dass sie in feindlicher Gesinnung gekämpft und mehr mit dem Geist als mit Körpereinsatz gekämpft hatten, nicht eher getrennt, als bis der eine seine Seele aushauchte [starb]. Von diesem wird Eumenes mit einigen Hieben verwundet, aber dennoch ging er nicht aus der Schlacht, sondern setzte dem Feind umso heftiger zu. (3) Dann, nachdem die Reiter geschlagen, der Anführer Krateros getötet und außerdem viele und sehr Vornehme gefangen genommen worden waren, erbat das Fußvolk, das in die Gegend geführt worden war, dass es gegen den Willen des Eumenes nicht entwischen konnte, Frieden von ihm. Als es diesen erlangt hatte, blieb es nicht bei dem Versprechen und zog sich, sobald es konnte, zu Antipater zurück. (4) Eumenes versuchte den halbtot aus der Schlacht herausgetragenen Krateros wiederzubeleben; da er das nicht konnte, ließ er ihn, dem Ansehen und der früheren Freundschaft entsprechend – denn mit jenem hatte er zu Lebzeiten Alexanders freundschaftlichen Umgang – mit einem prächtigen Leichenzug bestatten und schickte seine Gebeine nach Makedonien zu seiner Frau und seinen Kindern.

5 (1) Während dies am Hellespont geschah, wird Perdikkas von Seleukos und Antigenes am Nil getötet, und die höchste Gewalt dem Antipater übertragen. Dann wurden die, die ihn im Stich gelassen hatten, durch Abstimmung des Heeres in Abwesenheit zum Tode verurteilt, unter ihnen Eumenes. Durch diesen Schlag getroffen, gab jener nicht nach und leitete nichtsdestotrotz Krieg. Doch obwohl die dürftigen Umstände seine Geistesgröße nicht brachen, verringerten sie sie dennoch. (2) Indem Antigonos ihn verfolgte, wurde er, obwohl er an jeder Art von Truppen reichlich hatte, auf den Märschen angegriffen, und es war ihm nicht möglich, jemals zum Handgemenge zu kommen, wenn nicht in der Gegend, in der (nur) wenige vielen Widerstand leisten konnten. (3) Doch in der letzten Zeit wurde er, da er durch Klugheit nicht gefasst werden konnte, von einer Menge umzingelt. Hiervon befreite er sich jedoch unter Verlust zahlreicher seiner Leute und flüchtete in eine Festung Phrygiens, die Nora genannt wird. (4) Als er in dieser belagert wurde und fürchtete, dass er, wenn er an einem Ort blieb, die Kriegspferde verderbe, weil kein Raum zur Bewegung sei, war es seine schlaue Erfindung, wie das Tier im Stehen warm gemacht und geübt werden könne, damit es umso lieber sowohl das Futter genieße als auch nicht von der Bewegung des Körpers ferngehalten werde [nicht ohne körperliche Bewegung blieb]. (5) Er band den Kopf mit einem Riemen höher, als dass es mit den vorderen Füßen den Boden hätte vollständig berühren können, dann zwang er sie hinten durch Peitschenschläge hochzuspringen und auszuschlagen. Diese Bewegung trieb nicht weniger Schweiß, als wenn es in der Rennbahn (bis zum Ziel) durchlief. (6) Daher kam es, dass es allen wundersam schien, dass er die Tiere ebenso glänzend aus der Festung herausführte, obwohl er mehrere Monate lang in der Belagerung gewesen war, als wenn er sie in ebenem Gelände gehalten hätte. (7) Während dieser Belagerung zündete er, sooft er wollte, das Gerät und die Befestigungen des Antigonos bald an, bald zerstörte er sie. Er hielt sich aber, solange Winter war, an diesem Ort auf, weil er das Lager nicht unter freiem Himmel abhalten konnte. Der Frühling nahte, dadurch dass er eine Kapitulation vortäuschte, während er über die Bedingungen verhandelte, täuschte er die Befehlshaber des Antigonos und rettete sich und seine Leute alle unversehrt.

6 (1) Als Olympias, die die Mutter des Alexander gewesen war, einen Brief an ihn und Boten nach Asien geschickt hatte, damit sie um Rat fragen sollten, ob sie nach Makedonien kommen solle, um es zurückzufordern – denn sie wohnte damals in Epirus – und die Macht zu ergreifen, (2) riet jener ihr zuerst, sie solle sich nicht rühren und abwarten, bis der Sohn Alexander die Herrschaft erlange; wenn sie aber durch eine Begierde nach Makedonien getrieben werde, solle sie alle Kränkungen vergessen und gegen niemanden eine zu strenge Herrschaft ausüben. (3) Jene machte nichts davon. Denn sie war nach Makedonien aufgebrochen und führte sich dort sehr grausam auf. Sie verlangte von dem abwesenden Eumenes, nicht zuzulassen, dass die schlimmsten Feinde des Hauses und der Familie des Philipp auch die Nachkommenschaft vernichte, und den Kindern Alexanders Hilfe zu bringen. (4) Wenn er ihr diese Bitte gewähre, sollte er so schnell wie möglich die Heere rüsten, die er ihr zum Schutz zuführe. Damit er dies umso leichter tue, habe sie an alle Befehlshaber, die ihr treu geblieben waren, Briefe geschickt, ihm zu gehorchen und seine Ratschläge anzunehmen. (5) Dadurch bewegt hielt Eumenes es für besser, wenn das Schicksal es so bestimmt hätte, gut zu sterben, indem er durch Verdienste Dank sagte, als undankbar (weiter) zu leben.

7 (1) Daher zog er die Truppen zusammen und rüstete gegen Antigonos zum Krieg. Weil mehrere vornehme Makedonen zusammen waren, unter ihnen Peukestes, der der Leibwächter Alexanders gewesen war, damals aber Persis innehatte, und Antigenes, unter dessen Oberbefehl die Schlachtreihe der Makedonen stand, errichtete er aus Furcht vor der Missgunst – der konnte er jedoch nicht entgehen –, wenn er sich als Fremder lieber selbst des Oberbefehls bemächtigte als die anderen Makedonier, von denen dort eine Menge war, (2) im Hauptquartier im Namen Alexanders ein Zelt, ließ in ihm einen goldenen Sessel mit Zepter und Diadem aufstellen und alle täglich dorthin kommen, damit dort Beschlüsse über die wichtigsten Angelegenheiten gefasst würden, im Glauben, es werde von geringerem Neid sein [weniger Neid erregen], wenn es schien, dass er den Krieg unter dem Anschein des Oberbefehls und unter Vortäuschung des Namens Alexanders leite. Dies erreichte er. (3) Denn da man nicht im Hauptquartier des Eumenes, sondern im königlichen zusammenkam, und dort über die Angelegenheiten beraten wurde, blieb er auf eine Weise verborgen, obwohl dennoch alles durch diesen einen ausgeführt wurde.

8 (1) Dieser kämpfte im Gebiet der Paraitaker [in Paraitakene] gegen Antigonos, nicht in aufgestellter Schlachtordnung [in offener Feldschlacht], sondern in Marschformation, und zwang ihn, nachdem er übel zugerichtet worden war, zum Überwintern nach Medien zurückzukehren. Er selbst verteilt seine Truppen zur Überwinterung in dem benachbarten Gebiet, nicht wie er wollte, sondern wie der Wille der Soldaten ihn zwang. (2) Denn jene (berühmte) Schlachtreihe Alexanders des Großen, die Asien durchwandert und die Perser völlig besiegt hatte, sowohl von altgewohntem Ruhm als auch besonders von Unbändigkeit, beanspruchte, weder den Anführern zu gehorchen, sondern zu herrschen, wie es jetzt unsere Veteranen machen. Daher besteht die Gefahr, dass sie tun, was jene getan haben, dass sie (nämlich) durch ihren Mangel an Mäßigung und ihre allzu große Unbändigkeit alles verderben und nicht weniger die, auf deren Seite sie gestanden haben, als (die), gegen die sie gehandelt haben. (3) Wenn einer die Taten jener Veteranen liest, wird er wohl gleich diesen erkennen und urteilen, dass nur die Zeit verschieden ist. Doch ich will zu jenen zurückkehren. Die Winterlager hatten sie nicht nach dem Bedarf des Krieges gewählt, sondern zu ihrer eigenen Genusssucht, und sie waren weit voneinander entfernt. (4) Als Antigonos das erfahren hatte und erkannte, dass er den gerüsteten Gegnern nicht gewachsen sei, beschloss er, einen neuen Plan fassen zu müssen. Es gab zwei Wege, auf denen man von den Medern, wo jener überwinterte, zu dem Winterlager der Gegner gelangen konnte. (5) Der kürzere von diesen (führte) durch eine wüste Gegend, die niemand wegen des Wassermangels bewohnte, im Übrigen war er ungefähr zehn Tage lang; jener aber, auf dem alle gingen, hatte einen noch einmal so viel längeren Umweg, war jedoch reich und hatte an allem Überfluss. (6) Wenn er auf diesem aufbräche, erkannte er, erhielten die Gegner von seiner Ankunft eher Nachricht, als er selber den dritten Teil des Weges vollendet hätte; wenn er aber durch die einsame Gegend eilte, hoffte er, dass er den Feind nichts ahnend überwältigen werde. (7) Um dies auszuführen, befahl er, dass möglichst viele Schläuche und auch Ledersäcke beschafft werden sollen, danach Futter, außerdem gekochte Speisevorräte für zehn Tage, damit möglichst wenig Feuer im Lager gemacht werde. Wohin sein Marsch führt, verheimlicht er allen. So gerüstet bricht er auf dem (Weg) auf, wo er es beschlossen hatte.

9 (1) Ungefähr die Hälfte der Strecke hatte er hinter sich gebracht, als durch den Rauch seines Lagers der Verdacht an Eumenes gemeldet wurde, der Feind nähere sich. Die Anführer kommen zusammen. Man fragt, was nötig zu tun sei. Sie erkannten, dass alle ihre Truppen so schnell nicht zusammengezogen werden konnten, wie Antigonos da zu sein schien. (2) Dann sagte Eumenes, während alle (noch) schwankten und an den wichtigsten Dingen verzweifelten, wenn sie

Schnelligkeit anwenden wollten und das Befohlene tun (wollten), was sie vorher nicht getan hätten, werde er die Angelegenheit erledigen. Denn wenn der Feind innerhalb von fünf Tagen zu ihm herübergehen könne, werde er erreichen, dass er um einen Zeitraum von nicht weniger als ebenso viel Tagen aufgehalten werde. Deshalb sollten sie herumgehen und jeder seine Truppen sammeln. (3) Um den Angriff des Antigonos aber zurückzuhalten, fasst er einen solchen Plan. Er schickt bestimmte Leute zum Fuß der Berge, die dem Marsch der Feinde im Weg lagen, und befiehlt ihnen, dass sie bei Einbruch der Nacht, so weit sie könnten, möglichst große Feuer zu machen und diese während der zweiten Nachtwache zu verringern, in der dritten (Nachtwache) sehr klein zu machen. (4) Und dadurch, dass sie die Gewohnheit eines Lagers vorgaben, sollten sie in den Feinden den Verdacht hervorrufen, dass sich das Lager in dieser Gegend befinde und dass (die Nachricht) von ihrer Ankunft vorher gemeldet worden sei; dasselbe sollten sie in der nächsten Nacht tun. (5) (Die,) denen es befohlen war, führen den Befehl sorgsam aus. Antigonos erblickt bei Einbruch der Dunkelheit die Feuer. Er glaubt, man habe von seiner Ankunft gehört, und die Gegner hätten von dort ihre Truppen zusammengezogen. (6) Er ändert seinen Plan, ändert, da er ja nicht unversehens angreifen kann, die Marschrichtung, nimmt jenen längeren Umweg des reichen Weges und wartet dort einen Tag länger, um die Ermattung der Soldaten zu dämpfen und die Zugtiere sich erholen zu lassen, um mit einem umso frischeren Heer die Entscheidung herbeizuführen.

10 (1) So besiegte Eumenes den schlauen Feldherrn durch Klugheit, verhinderte seine Schnelligkeit, und dennoch nützte es ihm nicht viel. (2) Denn durch den Neid der Anführer, mit denen er zusammen war, und die Treulosigkeit der makedonischen Veteranen wurde er, obwohl er als Sieger aus der Schlacht gegangen war, dem Antigonos ausgeliefert, obgleich ihm das Heer dreimal zu verschiedenen Zeiten vorher geschworen hatte, es werde ihn verteidigen und ihn niemals im Stich lassen. Doch die Eifersucht einiger auf seine Tüchtigkeit war so groß, dass sie lieber ihre Zusage aufgeben (wollten) als ihn nicht zugrunde richten wollten. (3) Antigonos hätte diesen, wenn er ihm nicht sehr feindlich gesinnt gewesen wäre, gerettet, wenn es seiner

Leute wegen erlaubt gewesen wäre, weil er einsah, dass er von keinem mehr bei den Angelegenheiten [Kämpfen] darin hätte unterstützt werden können, die, wie offensichtlich war, schon bevorstanden. Denn es drohten nämlich Seleukos, Lysimachos und Ptolemaios, die an Macht schon stark waren, mit denen er um die höchste Gewalt kämpfen musste. (4) Doch die, die um ihn herum waren, ließen es nicht zu, weil sie sahen, dass sie alle, wenn Eumenes wieder aufgenommen sei, im Vergleich zu jenem unbedeutend wären. Antigonos selbst aber war so erzürnt, dass er nur durch die große Hoffnung auf die höchste Gewalt beschwichtigt werden konnte.

11 (1) Als er ihn daher in Gewahrsam gegeben hatte und der Befehlshaber der Wächter gefragt hatte, wie er wolle, dass er ihn bewachen solle, sagte er: „Wie den wildesten Löwen oder den wildesten Elefanten." Denn er hatte noch nicht beschlossen, ob er ihn begnadigen solle oder nicht. (2) Es kamen aber zu Eumenes zwei Arten von Leuten, und (zwar) die aus Hass die Augen an seinem Unglück weiden wollten, und die aus alter Freundschaft mit ihm zu reden und ihn zu trösten wünschten, viele sogar, die seine äußere Erscheinung kennenlernen wollten, wie der sei, den sie lange und so sehr gefürchtet hatten, auf dessen Verderben sie ihre Hoffnung auf Sieg gesetzt hätten. (3) Doch Eumenes sagte, als er länger in Haft war, dem Onomarchos, bei dem der Oberbefehl über die Wache lag, er wundere sich, warum er schon den dritten Tag so gehalten werden. Denn dies passe nicht zu der Klugheit des Antigonos, dass mit dem Besiegten so hart verfahren werde. Dass er entweder getötet oder entlassen werden solle, solle er befehlen. (4) Als dieser dem Onomarchos zu trotzig zu reden schien, sagte er: „Was? Wenn du (schon) von dieser Gesinnung warst, warum bist du nicht lieber in der Schlacht gefallen, als dass du in die Gewalt des Feindes gerietest?" (5) Diesem antwortete Eumenes: „Wenn das doch nur geschehen wäre! Doch es kam nicht dahin, dass ich niemals mit einem Tapferen zusammengetroffen bin. Denn ich habe gegen keinen die Waffen erhoben, der mir nicht unterlegen gewesen ist. Denn nicht durch die Tapferkeit der Feinde, sondern durch die Treulosigkeit der Freunde bin ich gestürzt worden." Und das war nicht falsch. [...] Denn er war sowohl von ehrenhaftem Ansehen als auch an Kräften stark, um Anstrengung zu ertragen und ebenso von großer Körpergestalt wie von schöner Gestalt.

12 (1) Da Antigonos es nicht wagte, darüber allein einen Beschluss zu fassen, brachte er es vor den Kriegsrat. Als sich hierauf alle, zuerst beunruhigt, wunderten, dass die Todesstrafe an ihm nicht schon vollzogen war, von dem sie schon so viele Jahre so schlecht behandelt worden waren, dass sie oft zur Verzweiflung gebracht worden waren, und der die bedeutendsten Anführer getötet hatte; (2) kurzum, in dem allein so viel sei, dass sie, solange jener lebte, selbst nicht sicher sein könnten, auch nach seinem Tod keine Ruhe hätten. Zuletzt fragten sie, wenn er jenem das Leben schenken würde, welche Freunde er haben werde, denn sie blieben nicht mit Eumenes bei ihm. (3) Obwohl dieser die Absicht des Kriegsrates gehört hatte, ließ er sich dennoch bis zum siebten Tag Zeit zu überlegen. Dann aber, da er schon fürchtete, dass ein Aufstand des Heeres ausbreche, verbot er, dass jemand zu ihm zugelassen werde, und befahl, dass die tägliche Nahrung entzogen werde. Denn er sagte, er werde dem nicht Gewalt zufügen, der einmal sein Freund gewesen war. (4) Dieser wurde dennoch, nicht mehr als drei Tage vom Hunger gequält, als das Lager abgebrochen [verlegt] wurde, ohne Wissen des Antigonos von den Wächtern erdrosselt.

13 (1) So hatte Eumenes im Alter von 45 Jahren, als er vom 20. Lebensjahr an, wie wir oben gezeigt haben, sieben Jahre lang dem Philipp [als Geheimschreiber] gedient hatte, 13 Jahre bei Alexander dieselbe Stellung innegehabt, in denen er ein Jahr lang den Reiterflügel kommandiert hatte, nach dem Tod Alexanders des Großen als Feldherr Heere geführt hatte und die bedeutenden Anführer teils zurückgeschlagen, teils getötet hatte, gefangen nicht durch die Tüchtigkeit des Antigonos, sondern durch den Meineid der Makedonen, ein solches Lebensende. (2) Eine wie hohe Meinung alle von ihm hatten, die nach Alexander dem Großen Könige genannt wurden, kann man sehr leicht daraus urteilen, dass (von diesen) zu Lebzeiten des Eumenes niemand König genannt wurde, (3) sondern Befehlshaber; dieselben nahmen nach seinem Tod sogleich den königlichen Schmuck und Titel an und wollten nicht, was sie anfangs vorhergesagt hatten, (nämlich) dass sie den Kindern Alexanders die Herrschaft bewahren wollten, erfüllen und eröffneten, nachdem ein Vorkämpfer beseitigt worden war, was sie dachten [ihre Meinungen]. Die Anstifter zu diesem Verbrechen waren Antigonos, Ptolemaios, Lysimachos und Kassandros. (4) Antigonos aber übergab den toten Eumenes [den Leichnam] seinen Verwandten zur Bestattung. Diese ließen ihn mit einer militärischen und ehrenvollen Leichenfeier unter Begleitung des ganzen Heeres beerdigen und seine Gebeine nach Kappadokien zu seiner Mutter, Frau und seinen Kindern überführen.

XIX. Phokion

1 (1) Obwohl Phokion aus Athen oft die Heere kommandierte und die höchsten Ämter bekleidete, war die Unbescholtenheit seines Lebens dennoch weitaus bekannter als seine Militärtätigkeit. Daher gibt es keine Erinnerung daran, der Ruhm jener aber ist groß, weshalb er mit dem Beinamen „der Tüchtige" genannt worden ist. (2) Denn er war immer arm, obwohl er wegen der zahlreichen, ihm überlassenen Ehrenämter und höchsten Stellungen, die ihm vom Volk verliehen wurden, sehr reich hätte sein können. (3) Als dieser die großen Geldgeschenke von König Philipp zurückwies und die Gesandten ihn aufforderten, sie anzunehmen, und ihn zugleich ermahnten, wenn er diese selbst leicht entbehren könne, solle er dennoch für seine Kinder vorsorgen, für die es schwer sei, in so großer Armut den so großen Ruhm des Vaters zu bewahren, sagte jener ihnen: (4) „Wenn sie mir ähnlich sein werden, wird sie jenes selbe kleine Landgut ernähren, das mich zu dieser Würde gebracht hat, wenn sie mir unähnlich sein werden, will ich nicht, dass ihre Verschwendungssucht auf meine Kosten genährt und vergrößert wird."

2 (1) Als derselbe fast das achtzigste Jahr glücklich erreicht hatte, kam er in den letzten Jahren in großen Hass seiner Mitbürger [wurde er ihnen sehr verhasst]. (2) Zuerst, weil er sich mit Demades über die Übergabe der Stadt einig war und weil auf seinen Rat hin Demosthenes mit den Übrigen, von denen man glaubte, dass sie sich sowohl um den Staat verdient gemacht haben, auf Beschluss der Völker in die Verbannung geschickt worden war. Und nicht nur dadurch hatte er Anstoß erregt, weil er schlecht für das Vaterland gesorgt hatte, sondern auch weil er die Freundschaftstreue nicht geleistet hatte. (3) Denn von Demosthenes gefördert und unterstützt, hatte er die Stufe, die er innehatte, erstiegen, da er ihn gegen Chares (insgeheim) anstiftete; von demselben in den Gerichtsverhandlungen, in denen er sich auf Leben und Tod verantworten musste, einige Male verteidigt, ging er freigesprochen heraus. Diesen verteidigte er nicht nur in Gefahren, sondern verriet ihn auch. (4) Er [Phokion] aber wurde besonders durch ein Verbrechen gestürzt, dass er, als der Oberbefehl des Volkes bei ihm lag und er von Derkylos gewarnt wurde, Nikanor, der Befehlshaber des Kassandros, beabsichtige einen Handstreich auf den Piraeus der Athener, und derselbe verlangte, Vorsorge zu treffen, dass der Staat nicht der Zufuhr beraubt werde, diesem erklärte, während das Volk zuhörte, es bestehe keine Gefahr, und versprach, er werde Bürge dafür sein. (5) Und nicht so viel später bemächtigte Nikanor sich des Piraeus, ohne den Athen überhaupt nicht existieren konnte. Als das Volk, um diesen wiederzugewinnen, bewaffnet zusammengelaufen war, rief jener nicht nur niemanden zu den Waffen, sondern wollte nicht einmal den Bewaffneten vorstehen.

3 (1) Es gab zu dieser Zeit zwei Parteien in Athen, von denen die eine die Sache des Volkes vertrat, die andere die der Optimaten. In dieser waren Phokion und Demetrios aus Phaleron. Jeder von diesen genoss den Schutz der Makedonen. Denn die Volkspartei begünstigte Polyperchon, die Optimaten waren Kassandros (freundschaftlich) gesinnt. (2) Unterdessen wurde Kassandros von Polyperchon aus Makedonien vertrieben. Dadurch behielt das Volk die Oberhand und vertrieb sogleich die Anführer der feindlichen Partei, zum Tode verurteilt, aus dem Vaterland, unter ihnen Phokion und Demetrios aus Phaleron, diese Sache betreffend schickte er Gesandte zu Polyperchon, die von ihm erbitten sollten, ihre Beschlüsse zu bekräftigen. (3) Eben hierhin brach Phokion auf. Als er dorthin kam, wurde ihm befohlen, sich vor König Philipp der Form halber, in Wirklichkeit aber vor Polyperchon zu verteidigen. (4) Denn dieser stand damals den Angelegenheiten des Königs vor [leitete die Staatsgeschäfte]. Dieser wurde, von Agnon angeklagt, weil er den Piraeus dem Nikanor ausgeliefert hatte, auf Beschluss des Rates ins Gefängnis geworfen und nach Athen gebracht, damit dort über ihn den Gesetzen nach das Urteil gesprochen werde.

4 (1) Als man hierhin gelangt war, weil er infolge seines Alters zu Fuß nicht mehr stark war und gefahren wurde, entstand ein großer Auflauf, weil die einen, in Erinnerung an seinen alten guten Ruf, Mitleid mit seinem Alter fühlten, die meisten aber, wegen des Verdachts des Verrates des Piraeus von Zorn gereizt und besonders weil er den Interessen des Volkes in hohem Alter feindlich gegenüberstand. (2) Deshalb wurde ihm nicht einmal die Möglichkeit gegeben, seine Rede zu beenden und sich zu verteidigen. Hierauf vom Gericht nach Erledigung gewisser gesetzlicher Bräuche [Formalitäten] verurteilt, wurde er den Elfmännern übergeben, denen nach der Sitte der Athener gewöhnlich die Verurteilten zur Hinrichtung übergeben werden. (3) Als dieser zum Tod geführt wurde, begegnete Eumenes ihm, mit dem er in freundschaftlichem Umgang stand. Als dieser unter Tränen gesagt hatte: „Wie Unwürdiges erträgst du, Phokion!“, sagte jener zu ihm: „Doch nicht Unerwartetes, denn die meisten berühmten athenischen Männer haben dieses Ende gehabt.“ (4) So groß war der Hass der Menge auf ihn, dass kein Freier ihn zu bestatten wagte. Daher wurde er von Sklaven begraben.

XX. Timoleon

1 (1) Timoleon aus Korinth. Ohne Zweifel ist dieser Mann nach dem Urteil aller groß hervorgetreten. Denn ihm allein glückte, was keinem (glückte), (nämlich) einerseits das von einem Tyrannen unterdrückte Vaterland, in dem er geboren war, zu befreien, andererseits von den Syrakusanern, denen er zu Hilfe geschickt worden war, die schon altgewohnte Knechtschaft zu vertreiben, und ganz Sizilien, viele Jahre lang vom Krieg verwüstet und von den Barbaren unterdrückt, durch seine Ankunft in den früheren (Zustand) zu setzen. (2) Doch dabei wurde er von einem nicht einfachen [vielfachen] Schicksal heimgesucht und, was (noch) für schwieriger gehalten wird, trug das Glück weitaus weiser als das Unglück. (3) Denn als sein Bruder Timophanes, von den Korinthern als Anführer gewählt, sich mit Hilfe der Soldaten und Söldner der Gewaltherrschaft bemächtigt hatte und an der

Herrschaft beteiligt war, war er so sehr von der Teilnahme an dem Verbrechen entfernt, dass er die Freiheit seiner Mitbürger dem Wohl seines Bruders vorzog und es für besser hielt, den Gesetzen zu gehorchen als über das Vaterland zu herrschen. (4) In dieser Gesinnung ließ er durch einen Eingeweidebeschauer und einen gemeinsamen Verwandten, mit dem eine Schwester von denselben Eltern verheiratet war, den Tyrannen, seinen Bruder, töten. Er selbst legte nicht nur nicht Hand an, sondern wollte nicht einmal das brüderliche Blut [Blut des Bruders] sehen. Denn während die Tat ausgeführt wurde, stand er weit entfernt auf Posten. (5) Diese hochberühmte Tat wurde nicht in gleichem Maße von allen gebilligt. Einige nämlich glaubten, die Bruderliebe sei von ihm verletzt worden, und setzten den Ruhm seiner Tüchtigkeit aus Missgunst herab. Die Mutter aber ließ den Sohn nach dieser Tat weder zu sich nach Hause ein noch blickte sie ihn an, ohne dass sie ihn, indem sie ihn verfluchte, als Brudermörder und Ruchlosen beschimpfte. (6) Dadurch wurde er so bewegt, dass er seinem Leben manchmal ein Ende machen und dem Anblick undankbarer Menschen durch den Tod entgehen wollte.

2 (1) Nachdem Dion in Syrakus getötet worden war, bemächtigte sich Dionysios unterdessen der Herrschaft über Syrakus. Seine Gegner hatten die Korinther um Hilfe gebeten und verlangten einen Führer, den sie im Krieg gebrauchen konnten. Hierhin geschickt, vertrieb Timoleon mit unglaublichem Glück Dionysios aus ganz Sizilien. (2) Obwohl er ihn töten konnte, wollte er es nicht, und bewirkte, dass er sicher nach Korinth gelangte, weil die Korinther durch die Macht der beiden (Tyrannen namens) Dionysios unterstützt worden waren, er wollte, dass die Erinnerung an diese Wohltat (noch) vorhanden war, und er hielt das für einen ausgezeichneten Sieg, in dem mehr Milde als Grausamkeit sei; kurz, damit nicht nur mit den Ohren vernommen werde, sondern auch mit den Augen wahrgenommen werde, wen er aus welch großer Herrschaft zu welchem Schicksal hinabgestürzt habe. (3) Nach dem Weggang des Dionysios führte er gegen Hiketas Krieg, der Dionysios entgegengetreten war. (Dafür,) Dass er nicht aus Hass auf die Tyrannei anderer Meinung war, sondern aus Begierde (danach), dient als Beweis, dass er selbst nach der Vertreibung des Dionysios nicht auf die Herrschaft verzichten wollte. (4) Nachdem dieser besiegt war, schlug Timoleon die sehr starken Truppen der Karthager bei dem Fluss Krinissos in die Flucht und zwang sie, sich (damit) zu begnügen, wenn es ihnen erlaubt sei, Afrika einzunehmen, die schon mehrere Jahre Besitz in Sizilien hatten. Er nahm auch Mamercus, einen italienischen Anführer, einen kriegerischen und mächtigen Mann, gefangen, der nach Sizilien gekommen war, um die Tyrannen zu unterstützen.

3 (1) Nach Beendigung dieser Angelegenheiten [Danach] hob er, da er sah, dass nicht (ländliche) Gebiete, sondern auch Städte verwüstet worden waren, so viele wie möglich aus, zuerst Sizilier, dann ließ er Siedler aus Korinth kommen, weil von diesen Syrakus anfangs gegründet worden war. (2) Den alten Bürgern gab er ihr Eigentum wieder, verteilte die durch den Krieg frei gewordenen Besitzungen an die neuen, stellte die zerstörten Mauern der Städte und die verwüsteten Heiligtümer wieder her, gab den Staaten Gesetze und Freiheit zurück. Unmittelbar nach dem größten Krieg stiftete er der ganzen Insel so großen Frieden, dass dieser als der Gründer der Städte schien, nicht jene, die sie zu Anfang angesiedelt hatten [die ursprünglichen Ansiedler]. (3) Die Burg in Syrakus, die Dionysios gebaut hatte, um die Stadt zu belagern, zerstörte er von Grund auf, riss die übrigen Bollwerke der Tyrannei nieder und gab sich Mühe, dass möglichst viele Spuren der Knechtschaft blieben. (4) Als er in so großer Macht stand, dass er auch über Unwillige herrschen konnte, aber so große Liebe bei allen Siziliern hatte, dass er, ohne dass sich einer weigerte, die Herrschaft innehaben konnte, wollte er lieber geliebt als gefürchtet werden. Daher legte er, sobald er konnte, die Herrschaft nieder und lebte als Privatmann, was seinem Leben übrig war [für die restliche Lebenszeit], in Syrakus. (5) Aber dies machte er nicht ungeschickt. Denn was die übrigen Könige durch Herrschaft vermochten, erlangte dieser durch Wohlwollen. Keine Ehre fehlte diesem, und später wurde keine Sache in Syrakus von Staats wegen ausgeführt, die nicht eher beschlossen wurde, als Timoleons Meinung bekannt war. (6) Der Rat eines anderen wurde nicht nur niemals seinem vorgezogen, sondern nicht einmal gleichgestellt. Und das geschah nicht mehr infolge seiner Beliebtheit als infolge seiner Klugheit.

4 (1) Als dieser schon im Alter vorgerückt war [gealtert war], verlor er ohne eine Krankheit sein Augenlicht. Dieses Unglück ertrug er so ruhig, dass ihn einer weder jemals klagen gehört hat noch dass er deshalb weniger an staatlichen und öffentlichen Angelegenheiten teilnahm. (2) Er kam aber ins Theater, als dort eine Volksversammlung abgehalten wurde, seiner Gesundheit wegen mit einem Zweigespann vorgefahren, und redete so vom Wagen herab, was ihm gut schien. Und dies legte ihm keiner als Hochmut auf. Denn niemals kam aus seinem Mund etwas Unmäßiges noch etwas Prahlerisches. (3) Dieser sagte freilich, wenn er hörte, dass sein Ruhm gepriesen wurde, niemals etwas anderes, als dass er den Göttern am meisten Dank dafür sage und abstatte, dass sie, als sie beschlossen hatten, Sizilien wiederherzustellen, damals gewollt hätten, dass gerade er Anführer sei. (4) Denn er glaubte, nichts von den menschlichen Angelegenheiten werde ohne den Willen der Götter ausgeführt, daher hatte er in seinem Haus ein Heiligtum der Göttin Automatia errichtet und verehrte dieses äußerst fromm.

5 (1) Zu dieser herausragenden Rechtschaffenheit des Mannes kamen wunderbare Zufälle. Denn er schlug die bedeutendsten Schlachten an seinem Geburtstag. Daher kam es, dass ganz Sizilien seinen Geburtstag festlich beging. (2) Als ihn ein gewisser Laphystios, ein frecher und undankbarer Mann, zur Bürgschaft zwingen wollte, weil er sagte, er verhandele mit jenem gesetzmäßig, und mehrere zusammengelaufen waren, die versuchten, die Dreistigkeit des Mannes mit Händen zu zügeln, hat Timoleon alle gebeten, es nicht zu tun. Denn damit dies dem Laphystios und jedem beliebigen freistehe, habe er die größten Anstrengungen und höchsten Gefahren auf sich genommen. Dass nämlich sei der Anschein der Freiheit, wenn es allen, was jeder wolle, freistehe, mit den Gesetzen zu versuchen. (3) Als ein gewisser, dem Laphystios ähnlich, mit Namen Demainetos, in der Volksversammlung begonnen hatte, seine Taten herabzusetzen und Timoleon vielfach angriff, sagte derselbe, jetzt erst habe er seinen Wunsch erreicht. Denn dies habe er von den unsterblichen Göttern immer erbeten, den Syrakusanern solche Freiheit wiederzugeben, in der es jedem freistehe, über was er wolle, straflos zu reden. (4) Als dieser gestorben war, wurde er von den Syrakusanern auf Staatskosten in dem Gymnasium, das das des Timoleon genannt wird, unter dem zahlreichen Erscheinen ganz Siziliens bestattet.

XXI. Könige

1 (1) Dies ungefähr waren die Feldherren des griechischen Volkes, die der Erinnerung würdig zu sein scheinen, außer den Königen. Denn sie wollten wir nicht erwähnen, weil die Taten aller einzeln berichtet worden sind. (2) Und dennoch sind diese nicht so viele. Agesilaos, ein Spartaner, war nur dem Namen nach, nicht der Herrschaft nach ein König wie die übrigen Spartaner. Von diesem aber, die unumschränkte Herrschergewalt besaßen, sind die hervorragendsten gewesen, wie wir meinen, von den Persern Kyros und Dareios, der Sohn des Hystaspes, die beide als Privatleute durch ihre Tüchtigkeit die Herrschaft erlangt haben. Der Erstere von diesen fiel bei den Massageten im Kampf. Dareios starb im hohen Alter. (3) Drei gibt es außerdem aus demselben Volk: Xerxes und die zwei (namens) Artaxerxes, (der eine) mit dem Beinamen Makrocheir [Langhand], der andere Mnemon [mit gutem Gedächtnis]. Von Xerxes ist besonders berühmt, dass er mit den größten Heeren seit Menschengedenken Griechenland zu Wasser und zu Lande bekriegte. (4) Doch Makrocheir hat den besonderen Ruhm der ansehnlichsten und schönsten Körpergestalt, die er durch unglaubliche Kriegstüchtigkeit (noch) steigerte. Denn keiner war im Kampf tapferer als jener. Mnemon aber tat sich durch den Ruf der Gerechtigkeit hervor. Denn als er seine Frau durch ein Verbrechen seiner eigenen Mutter verloren hatte, gab er seinem Schmerz nur so weit nach, dass die Liebe (zur Mutter) ihn [den Schmerz] bezwang. (5) Von diesen statteten beide von demselben Namen [gleichnamigen] der Natur die Schuld durch eine Krankheit ab [starben an einer Krankheit], der dritte ist von dem Befehlshaber Artabanos mit dem Schwert getötet worden.

2 (1) Aus dem Volk der Makedonen aber übertrafen zwei die Übrigen bei weitem: Philipp, der Sohn des Amyntas, und Alexander der Große. Von ihnen wurde der eine in Babylon von einer Krankheit dahingerafft, Philipp in Aigiai, als er auf dem Weg war, sich Schauspiele anzusehen, in der Nähe des Theaters von Pausanias ermordet. (2)

Als Einziger aus Epirus (zeichnete sich) Pyrrhos (aus), der gegen das römische Volk Krieg führte. Als er die Stadt Argos bestürmte, wurde dieser auf der Peloponnes durch einen Steinwurf getötet. Ebenso als einziger Sizilier (zeichnete sich) Dionysios der Ältere (aus). Denn er war sowohl im Kampf tapfer als auch kriegserfahren und – das, was man bei einem Tyrannen nicht leicht findet – keineswegs ausschweifend, nicht verschwenderisch, nicht habgierig, kurz, nach nichts begierig außer einer einzigartigen [beispiellosen] lebenslänglichen Herrschaft und deswegen grausam. Denn während er sie festigen wollte, schonte er das Leben niemandes, von dem er glaubte, dass er ihm nachstellte. (3) Als dieser sich durch seine Tüchtigkeit die Gewaltherrschaft erworben hatte, behielt er sie mit großem Glück. Denn er starb älter als 60 Jahre alt, während sein Reich in Blüte stand. Und er sah in den so vielen Jahren die Leichenfeier von niemandem aus seiner Familie, obwohl er mit drei Frauen Kinder gezeugt hatte und ihm viele Enkel geboren worden waren.

3 (1) Es gab außerdem noch bedeutende Könige unter den Freunden Alexanders des Großen, die sich nach seinem Tod die Herrschaftsgebiete aneigneten, unter ihnen Antigonos und sein Sohn Demetrios, Lysimachos, Seleukos und Ptolemaios. (2) Von diesen wurde Antigonos in der Schlacht, als er gegen Seleukos und Lysimachos kämpfte, getötet. Den gleichen Tod erlitt Lysimachos von Seleukos. Denn nach Auflösung des Bündnisses führten sie untereinander Krieg. (3) Doch Demetrios wurde, als er seine Tochter dem Seleukos zur Frau gegeben hatte und die Freundschaft zwischen ihnen nichtsdestotrotz nicht treu bleiben konnte, im Krieg gefangen, und (er,) der Schwiegervater, starb im Gefängnis des Schwiegersohnes, an einer Krankheit. (4) Und nicht so viel später wurde Seleukos von Ptolemaios Keraunos getötet, den jener, als er von seinem Vater aus Alexandria vertrieben worden war und fremder Hilfe bedurfte, aufgenommen hatte. Ptolemaios selbst aber soll, als er (noch) zu Lebzeiten seinem Sohn die Herrschaft übergeben hatte, von eben jenem des Lebens beraubt [ermordet] worden sein. (5) Da über diese, wie wir glauben, genügend gesagt ist, scheint es nicht unpassend [passend], Hamilkar und Hannibal nicht zu übergehen, die, so steht fest, alle in Afrika Geborenen sowohl an Geistesgröße als auch an Klugheit übertroffen haben.

XXII. Hamilkar

1 (1) Hamilkar, der Sohn des Hannibal, mit Beinamen Barkas, ein Karthager, begann im ersten punischen Krieg, jedoch in den letzten Jahren, als ziemlich junger Mann in Sizilien einem Heer voranzustehen. (2) Während vor seiner Ankunft sowohl zu Wasser als auch zu Lande die Angelegenheiten der Karthager schlecht ausgingen, wich er selbst, sobald er anwesend war, niemals vor dem Feind und gab keine Gelegenheit zu schaden, reizte im Gegenteil oft, wenn sich eine Gelegenheit ergeben hatte, und ging immer als Überlegener aus dem Kampf hervor. Nachdem dies geschehen war, verteidigte jener, als die Punier fast alles in Sizilien verloren hatten, den Eryx so, dass an diesem Ort kein Krieg geführt zu sein schien. (3) Inzwischen beschlossen die Karthager, nachdem sie durch eine Flotte bei den Aegatischen Inseln von Gaius Lutatius, dem Konsul der Römer, besiegt worden waren, ein Ende des Krieges zu machen und überließen diese Angelegenheit der Entscheidung des Hamilkar. Jener glaubte, auch wenn er von der Gier des Kriegsführens brannte, dass man dennoch dem Frieden dienen müsse, weil er einsah, dass das Vaterland, das von Ausgaben erschöpft war, die Schäden des Krieges nicht länger ertragen könne – (4) aber nur so weit, dass er sogleich fest entschlossen war, wenn sich die Verhältnisse nur etwas gebessert hätten, den Krieg zu erneuern und die Römer (so lange) mit Waffen zu verfolgen, bis sie entweder durch Tapferkeit gesiegt oder sich als Besiegte ergeben hätten. (5) Mit dieser Einsicht schloss er einen Friedensvertrag; dabei war er von so großem Trotz – weil Catulus sagte, dass er den Krieg nicht beenden werde, wenn jener nicht mit seinen Leuten, die den Eryx besetzt hielten, unter Zurücklassung der Waffen aus Sizilien abziehe –, dass er sagte, wenn sein Vaterland unterliege, gehe er selber lieber unter, als dass er mit einer so großen Schande nach Hause zurückkehre. Denn es sei nicht ein Zeichen seiner Tapferkeit, die Waffen, die er vom Vaterland gegen seine Feinde erhalten habe, den Gegnern auszuliefern. Dessen Hartnäckigkeit gab Catulus nach.

2 (1) Aber jener erkannte, als er nach Karthago kam, dass sich der Staat in einem Zustand befand, (der) um vieles anders (war), als er gehofft hatte. Denn durch die lange Dauer der äußeren Not entbrannte ein so großer Bürgerkrieg, dass sich Karthago niemals in gleicher Gefahr befand, außer als es zerstört wurde. (2) Zuerst fielen die Söldner, die gegen die Römer gewesen waren, ab, deren Anzahl sich auf 20000 belief. Diese machten ganz Afrika abtrünnig und belagerten selbst Karthago. (3) Durch diese Not [Nöte] wurden die Punier so sehr erschreckt, dass sie sogar Hilfe von den Römern erbaten und diese erlangten. Aber schließlich, als sie schon der Verzweiflung nahegekommen waren, machten sie Hamilkar zum Feldherrn. (4) Dieser entfernte nicht nur die Feinde von den Mauern Karthagos, da mehr als 100000 von Bewaffneten aufgeboten worden waren, sondern brachte sie sogar dazu, dass, durch die Engpässe der Orte eingeschlossen, mehr durch Hunger als durch das Schwert umkamen. Alle Städte, die abgefallen waren – unter ihnen Utica und Hippo, die mächtigsten von ganz Afrika –, gewann er für das Vaterland zurück. (5) Aber damit war er nicht zufrieden, sondern erweiterte sogar die Grenzen des Reiches und stellte in ganz Afrika einen so großen Frieden wieder her, dass es schien, dass in ihm [dem damals bekannten Teil Afrikas] kein Krieg von vielen Jahren gewesen sei.

3 (1) Nachdem diese Angelegenheiten nach Wunsch durchgeführt worden waren, bewirkte er mit einer entschlossenen und für die Römer feindlichen Gesinnung, damit er umso leichter einen Grund zum Kriegführen finde, dass er als Feldherr mit einem Heer nach Spanien geschickt wurde, und führte dorthin seinen Sohn Hannibal von neun Jahren mit sich. (2) Es war außerdem mit ihm ein bedeutender, schöner junger Mann, Hasdrubal, von dem einige sagten, dass er von Hamilkar unsittlicher geliebt werde, als angemessen war. Denn einem so bedeutenden Mann konnten Verleumder nicht fehlen. Daher kam es, dass von einem Aufseher über die Sitten verboten wurde, dass Hasdrubal mit ihm zusammen sei. Diesem gab jener seine Tochter zur Frau, weil nach ihren Sitten dem Schwiegervater nicht der Verkehr mit dem Schwiegersohn untersagt werden konnte. (3) Auf diesen sind wir deshalb zu sprechen gekommen, weil jener, nachdem Hamilkar getötet worden war, dem Heer voranstand und große Taten vollführte und als Erster durch Bestechung die alten Sitten der Karthager umstürzte und nach dem Tod eben dieses (Mannes) Hannibal den Oberbefehl vom Heer erhielt.

4 (1) Aber Hamilkar verrichtete, nachdem er über das Meer gesetzt hatte und nach Spanien gekommen war, mit günstigem Geschick große Taten: Die bedeutendsten und kriegerischsten Völker unterwarf er, mit Pferden, Waffen, Männern und Geld bereicherte er ganz Afrika. (2) Als dieser daran dachte, Italien im neunten Jahr, nachdem er nach Spanien gekommen war, anzugreifen, wurde er, als er im Kampf gegen die Vettonen kämpfte, getötet. (3) Sein fortwährender Hass gegenüber den Römern scheint besonders den zweiten punischen Krieg erregt zu haben. Denn Hannibal, sein Sohn, wurde durch die ununterbrochenen Beschwörungen seines Vaters dazu gebracht, dass er lieber sterben wollte als nicht mit den Römern zu kämpfen.

XXIII. Hannibal

1 (1) Hannibal (war der) Sohn des Hamilkar, ein Karthager. Wenn es wahr ist, was niemand bezweifelt, dass das römische Volk alle Völker an Tapferkeit übertroffen hat, (dann) darf man nicht leugnen, dass Hannibal in solchem Maße die übrigen Feldherrn an Klugheit übertraf, wie das römische Volk sich vor allen Nationen durch Tapferkeit auszeichnete. (2) Denn sooft er mit ihm in Italien gekämpft hatte, ging er immer als Sieger hervor. Wenn er nun nicht in seiner Heimat durch den Neid seiner Mitbürger geschwächt worden wäre, hätte er, wie es scheint, die Römer besiegen können. Aber die Missgunst vieler besiegte die Tapferkeit eines Einzelnen völlig. (3) Dieser aber bewahrte den wie durch ein Erbe hinterlassenen, vom Vater ererbten Hass gegen die Römer so, dass er eher sein Leben aufgab als diesen (Hass), der jedenfalls, als er aus dem Vaterland vertrieben war und fremder Hilfe bedurfte, niemals aufhörte, im Geist mit den Römern Krieg zu führen.

2 (1) Denn um Philipp unerwähnt zu lassen, den er in Abwesenheit zu einem Feind der Römer machte, war zu jener Zeit der Mächtigste von allen König Antiochus. Diesen entflammte er, mit einer so großen Begierde Krieg zu führen, dass er (sogar) vom Roten Meer her Italien zu bekriegen versuchte. (2) Als zu diesem römische Gesandte gekommen waren, welche über seine Absicht Erkundigungen einziehen und sich durch geheime Sitzungen Mühe geben sollten, Hannibal beim König in Verdacht zu bringen, als ob er von ihnen selbst bestochen anders als früher gesinnt sei, sie dies nicht vergebens getan hatten und Hannibal dies erfahren und gesehen hatte, dass er von den vertraulicheren Beratungen ausgeschlossen werde, (3) da ging er – als die Gelegenheit gegeben war – zum König und fügte, nachdem er ihm viel über seine Treue und seinen Hass gegen die Römer in Erinnerung gebracht hatte, Folgendes hinzu: „Mein Vater Hamilkar", sagte er, „brachte – ich war noch ein kleiner Junge, nämlich nicht mehr als neun Jahre alt –, als er als Feldherr von Karthago nach Spanien aufbrach, dem besten und größten Iuppiter Opfertiere dar. (4) Während diese heilige Handlung vollzogen wurde, fragte er mich, ob ich mit ihm ins Feld ziehen wolle. Als ich dies gern angenommen und ihn zu bitten begonnen hatte, er solle keine Bedenken tragen mich mitzunehmen, da sagte jener: ‚Ich werde es tun, wenn du mir das Versprechen, das ich fordere, gegeben hast.' Zugleich führte er mich an den Altar, auf dem er zu opfern begonnen hatte, und ließ mich diesen, nachdem das andere entfernt worden war, anfassen und schwören, dass ich niemals mit den Römern in Freundschaft leben werde. (5) Diesen dem Vater geleisteten Schwur habe ich bis zu diesem Alter gehalten, und zwar so, dass es niemandem zweifelhaft sein dürfte (6), dass ich in der übrigen Zeit von derselben Gesinnung sein werde. Wenn du daher irgendetwas freundschaftlich von den Römern denkst, wirst du nicht unklug handeln, wenn du es mir verheimlichst; wenn du indessen einen Krieg vorbereitest, wirst du dich selbst betrügen, wenn du nicht mich darin als Führenden einsetzt."

3 (1) In diesem Alter also, von dem wir gesprochen haben, brach er mit seinem Vater nach Spanien auf. Nach dessen Tod befehligte er, als Hasdrubal in der Nachfolge zum Feldherrn gewählt worden war, die ganze Reiterei. Nachdem auch dieser getötet war, übertrug das Heer ihm den Oberbefehl. Dies wurde nach Karthago gemeldet und vom Staat gebilligt. (2) So unterwarf Hannibal, der in einem Alter von weniger als fünfundzwanzig Jahren zum Feldherrn gewählt worden war, in den nächsten drei Jahren alle Völker Spaniens im Krieg; Sagunt, eine verbündete Stadt, eroberte er im Sturm; drei sehr große Heere rüstete er aus. (3) Von diesen schickte er das eine nach Afrika, das andere ließ er mit seinem Bruder Hasdrubal in Spanien zurück, das dritte führte er mit sich nach Italien. Er überschritt das Pyrenäengebirge. Wo immer er marschierte, kämpfte er mit allen Einwohnern; keinen entließ er außer als Besiegten. (4) Nachdem er zu den Alpen gekommen war, die Italien von Gallien trennen, die niemand jemals mit einem Heere vor ihm außer dem griechischen Herkules (weshalb dieses Gebirge heute das griechische genannt wird) überschritten hatte, schlug er die Alpenbewohner nieder, die versuchten ihn am Übergang zu hindern, erschloss das Gelände, baute befestigte Straßen und bewirkte, dass da ein bepackter Elefant gehen konnte, wo vorher ein einziger Mann unbewaffnet kaum kriechen konnte. Auf diesem (Weg) führte er die Truppen hinüber und gelangte nach Italien.

4 (1) Er hatte an der Rhône mit dem Konsul Publius Cornelius Scipio gekämpft und ihn geschlagen. Mit eben diesem kämpfte er bei Clastidium am Po um die Entscheidung und ließ ihn von dort verwundet und geschlagen laufen. (2) Zum dritten Mal trat ihm derselbe Scipio mit seinem Kollegen Tiberius Longus an der Trebia entgegen. Mit diesen kämpfte er und schlug sie beide. Von dort überquerte er durch das Gebiet der Ligurer den Apennin und strebte nach Etrurien. Auf diesem Marsch wurde er von einer so schweren Krankheit der Augen befallen, (3) dass er nachher niemals das rechte (Auge) gleich gut gebrauchen konnte. Obwohl er damals noch von diesem Gesundheitszustand gequält und in einer Sänfte getragen wurde, tötete er den Konsul Gaius Flamininus am Trasimenischen See, der zusammen mit dem Heer in einem Hinterhalt umzingelt worden war, und nicht viel später den Prätor Gaius Centenius, der mit einer ausgewählten Schar die Pässe besetzte. (4) Von hier gelangte er nach Apulien. Dort kamen ihm zwei Konsuln entgegen, Gaius Terentius und Lucius Aemilius. Die Heere der beiden schlug er in einer einzigen Schlacht in die Flucht, tötete den Konsul Paulus und außerdem einige ehemalige Konsuln, unter diesen Gnaeus Servilius Geminus, der im vorigen Jahr Konsul gewesen war.

5 (1) Nachdem diese Schlacht geschlagen war, zog er nach Rom, ohne dass ihm jemand Widerstand leistete. Auf den der Stadt benachbarten Bergen hielt er sich auf. Als er dort einige Tage sein Lager gehabt hatte und nach Capua zurückkehrte, stellte sich ihm Quintus Fabius Maximus, der römische Diktator, im Falerner Gebiet entgegen. (2) Hier durch einen Engpass der Gegend eingeschlossen, befreite er sich bei Nacht ohne irgendwelchen Schaden des Heeres und täuschte den Fabius, den äußerst schlauen Feldherrn. Denn im Dunkel der Nacht zündete er Reisig an, das an den Hörnern der Rinder festgebunden war und ließ eine große Menge dieser Art zerstreut los. Durch diesen plötzlich gebotenen Anblick flößte er dem Heer der Römer einen so großen Schrecken ein, dass niemand aus dem Wall herauszugehen wagte. (3) Nicht gerade viele Tage nach dieser Tat schlug er den Marcus Minucius Rufus, den Reiteroberst, von gleicher Macht wie der Diktator, nachdem er ihn durch eine List zur Schlacht hervorgelockt hatte, in die Flucht. Den Tiberius Sempronius Gracchus, (der) zum zweiten Mal Konsul (war), vernichtete er – während er abwesend war – im Gebiet der Lukaner, nachdem er in einen Hinterhalt gelockt worden war. Den Marcus Claudius Marcellus, (der) zum fünften Mal Konsul (war), tötete er bei Venusia auf die gleiche Weise. Es wäre zu weitläufig, alle Schlachten aufzuzählen. (4) Daher wird dieses eine genug gesagt sein, woraus erkannt werden kann, wie groß jener war. Solange er in Italien war, leistete ihm niemand in einer Schlacht Widerstand, niemand schlug ihm gegenüber nach der Schlacht bei Cannae im offenen Gelände sein Lager auf.

6 (1) Von hier aus unbesiegt zur Verteidigung des Vaterlandes zurückgerufen, führte er Krieg gegen Publius Scipio, den Sohn desjenigen, den er zuerst an der Rhône, zum zweiten Male am Po, zum dritten Male an der Trebia in die Flucht geschlagen hatte. (2) Mit diesem wünschte er, als die Kräfte seines Vaterlandes schon erschöpft waren, bei der gegenwärtigen Lage den Krieg beizulegen, damit er nachher mit ihm umso stärker zusammentreffen könne. Es kam zur

Unterredung; die Bedingungen passten (jedoch) nicht zusammen. (3) Wenige Tage nach diesem Vorgang kämpfte er mit demselben bei Zama: Geschlagen gelangte er – es ist unglaublich zu sagen! – in zwei Tagen und zwei Nächten nach Hadrumetum, welches von Zama ungefähr 300000 Doppelschritte entfernt ist. (4) Bei dieser Flucht lauerten ihm die Numider auf, welche mit ihm zugleich aus der Schlacht geflohen waren; diesen entging er nicht nur, sondern vernichtete sie sogar. In Hadrumetum sammelte er die Übrigen aus der Flucht; durch neue Rekrutierungen zog er in wenigen Tagen viele zusammen.

7 (1) Während er beim Kriegsrüsten sehr eifrig beschäftigt war, legten die Karthager den Krieg mit den Römern bei. Jener befehligte nichtsdestoweniger das Heer später und kämpfte in Afrika bis zum Konsulat des Publius Sulpicius und Gaius Aurelius. (2) Unter diesen Beamten nämlich kamen karthagische Gesandte nach Rom, die dem Senat und dem römischen Volke Dank abstatten sollten, dass sie mit ihnen Frieden geschlossen hätten, und sie deshalb mit einem goldenen Kranz beschenken und sie zugleich bitten sollten, dass ihre Geiseln in Fregellae seien und dass die Gefangenen ausgeliefert würden. (3) Diesen wurde auf Senatsbeschluss geantwortet: Ihr Geschenk sei angenehm und willkommen; die Geiseln seien an dem Ort, an dem sie es wünschten; die Gefangenen würden sie nicht ausliefern, weil sie Hannibal, den für den römischen Namen ärgsten Feind, auf dessen Betreiben der Krieg unternommen sei, auch jetzt noch mit dem Oberbefehl beim Heer hätten und ebenso seinen Bruder Mago. (4) Als diese Antwort erfahren worden war, riefen die Karthager Hannibal und Mago nach Hause zurück. Als er hierher zurückgekehrt war, wurde er König [hier: Suffet], nachdem er im einundzwanzigsten Jahre Feldherr gewesen war. Wie nämlich in Rom Konsuln, so wurden in Karthago jährlich zwei Könige [hier: Suffeten] für ein Jahr gewählt. (5) In diesem Amt zeigte sich Hannibal von gleicher Umsicht, wie er im Krieg gewesen war. Denn er bewirkte, dass aus neuen Zöllen nicht nur das Geld aufgebracht wurde, das den Römern dem Bündnis gemäß gezahlt wurde, sondern auch (etwas) übrig blieb, das in die Schatzkammer zurückgelegt werden konnte. (6) Dann kamen ein Jahr später unter den Konsuln Marcus Claudius und Lucius Furius Gesandte von Rom nach Karthago. Da Hannibal glaubte, dass diese geschickt worden seien, um seine Auslieferung zu verlangen, bestieg er, bevor ihnen der Zutritt zum Senat gewährt wurde, heimlich ein Schiff und floh nach Syrien zu Antiochus. (7) Als dies bekannt geworden war, schickten die Punier zwei Schiffe, die ihn ergreifen sollten, wenn sie ihn einholen könnten, konfiszierten seine Güter, zerstörten sein Haus von Grund auf und erklärten ihn selbst für verbannt.

8 (1) Aber Hannibal kam im dritten Jahr, nachdem er von zu Hause geflohen war, unter den Konsuln Lucius Cornelius und Quintus Minucius mit fünf Schiffen nach Afrika in das Gebiet der Cyrenäer (um zu versuchen), ob er vielleicht die Karthager zum Krieg veranlassen könnte durch die Hoffnung und das Vertrauen des Antiochus, den er schon überredet hatte, mit seinen Heeren nach Italien aufzubrechen. (2) Hierher ließ er seinen Bruder Mago kommen. Sobald die Punier dies erfahren hatten, bestraften sie den Mago in Abwesenheit mit derselben Strafe wie seinen Bruder. Als jene in ihrer verzweifelten Lage die Anker gelichtet und die Segel aufgezogen hatten, gelangte Hannibal zu Antiochus. Über den Tod des Mago ist eine zweifache Nachricht überliefert worden. Denn die einen haben geschrieben [schriftlich] hinterlassen, er sei bei einem Schiffbruch, die anderen, er sei von seinen eigenen jungen Sklaven getötet worden. (3) Antiochus aber hätte, wenn er bei Führung des Krieges seinen Ratschlägen hätte so gehorchen wollen, wie er es beim Unternehmen beschlossen hatte, näher am Tiber als an den Thermopylen um den Oberbefehl gekämpft. Auch wenn er sah, dass dieser vieles auf törichte Weise versuchte, verließ er ihn dennoch bei keinem Unternehmen. (4) Er befehligte wenige Schiffe, die er von Syrien nach Asien führte, wie befohlen war, und kämpfte mit diesen gegen die Flotte der Rhodier im pamphylischen Meer. An diesem (Ort) war er, obwohl seine Leute durch die Menge der Gegner übertroffen wurden, selbst auf dem Flügel, auf dem er kämpfte, überlegen.

9 (1) Nachdem Antiochus in die Flucht geschlagen war, fürchtete er, dass er ausgeliefert würde, was ohne Zweifel geschehen wäre, wenn er ihm Macht über sich verschafft hätte; er kam nach Kreta zu den Gortyniern, um dort zu überlegen, wohin er sich begeben solle. (2) Der schlaueste Mann von allen aber sah, dass er in großer Gefahr sein werde, wenn er nicht irgendwelche Vorsichtsmaßnahmen getroffen hätte wegen der Habgier der Kreter; er führte nämlich viel Geld mit sich, über das, wie er wusste, sich das Gerücht verbreitet hatte. (3) Daher fasste er einen solchen Plan: Er füllt mehrere Krüge mit Blei und bedeckt den obersten Teil mit Gold und Silber. Diese setzt er in Anwesenheit der führenden Männer im Tempel der Diana ab, wobei er so tut, als ob er sein Vermögen der Zuverlässigkeit jener anvertraue. Nachdem diese in die Irre geführt waren, füllt er eherne Statuen, die er mit sich führte, alle mit seinem Geld und stellt sie auf dem Vorhof seines Hauses ab. (4) Die Gortynier bewachen den Tempel mit großer Sorgfalt, nicht so sehr vor den Übrigen als (vielmehr) vor Hannibal, damit jener sie nicht ohne ihr Wissen wegnehme und mit sich davontrage.

10 (1) So gelangte der Punier, nachdem sein Vermögen erhalten war und alle Kreter überlistet worden waren, zu Prusias nach Pontos. Bei diesem war er von derselben Gesinnung gegen Italien und tat nichts anderes, als dass er den König ausrüstete und gegen die Römer aufhetzte. (2) Als er sah, dass dieser an eigener Macht zu wenig stark sei, gewann er die übrigen Könige und vereinigte die kriegerischen Völker. Mit diesem verfeindet war der pergamenische König [von Pergamon] Eumenes, der mit den Römern sehr befreundet war, und es wurde zwischen ihnen sowohl zu Wasser als auch zu Lande Krieg geführt; (3) aber auf beiden Seiten vermochte Eumenes mehr wegen des Bündnisses mit den Römern. Umso mehr wünschte Hannibal, dass er gestürzt werde. Wenn er diesen beseitigt hätte, glaubte er, dass das Übrige für ihn leichter sein werde. (4) Um diesen zu töten, begann er folgendes Verfahren: In wenigen Tagen hatten sie vor, mit einer Flotte die Entscheidungsschlacht zu schlagen. Er wurde übertroffen durch die Menge der Schiffe; man musste mit List kämpfen, da man an Waffen nicht gleich war. Er befahl, dass möglichst viele giftige Schlangen lebend gesammelt und diese in tönerne Gefäße geworfen werden. (5) Als er eine große Menge von diesen zusammengebracht hatte, ruft er gerade an dem Tag, an dem er eine Seeschlacht unternehmen wollte, die Schiffssoldaten zusammen und befiehlt ihnen, dass sie alle gegen das eine Schiff des Königs Eumenes anstürmen, gegen die Übrigen sollten sie sich nur damit begnügen, sich zu verteidigen. Dies würden sie leicht durch die Menge der Schlangen erreichen. (6) Dass sie aber wüssten, auf welchem Schiff der König fahre, (dafür) werde er sorgen. Wenn sie diesen gefangen oder getötet hätten, verspricht er, dass es ihnen zur großen Belohnung dienen werde.

11 (1) Nach solcher Ermahnung der Soldaten wird die Flotte von beiden Seiten in die Schlacht geführt. Als die Schlachtordnung aufgestellt ist (und noch) bevor das Zeichen zum Kampf gegeben wurde, schickt Hannibal, um seinen Leuten kenntlich zu machen, an welchem Ort Eumenes sei, einen Boten in einem Boot mit Heroldsstab. (2) Sobald dieser zu den Schiffen der Gegner gelangt war und einen Brief vorzeigend öffentlich bekannte, dass er den König suche, wurde er sogleich zu Eumenes geführt, weil niemand (daran) zweifelte, dass etwas über den Frieden geschrieben sei. Der Bote – nachdem das Schiff des Anführers kenntlich gemacht war – kehrte dorthin zurück, woher er hergekommen war. (3) Doch Eumenes fand nach Öffnen des Briefes nicht in ihm, was dazu diente, ihn zu verspotten. Wenn er sich auch über dessen Anlass wunderte und nichts ausfindig machte, zögerte er dennoch nicht, die Schlacht zu eröffnen. (4) Beim Zusammentreffen dieser greifen die Bithynier auf Befehl Hannibals alle das Schiff des Eumenes an. Da der König deren Angriff nicht abfangen konnte, sucht er sein Heil in der Flucht; die er nicht erlangt hätte, wenn er sich nicht innerhalb seiner Stützpunkte zurückgezogen hätte, die am nahen Ufer aufgestellt worden waren. (5) Als die übrigen pergamenischen Schiffe die Feinde heftiger bedrängten, wurde plötzlich begonnen, die Tongefäße, die wir oben erwähnt haben, auf sie zu schleudern. Diese Geschosse erregten anfangs Gelächter bei den Kämpfenden, und es konnte nicht erkannt werden, weshalb dies geschah. (6) Nachdem sie ihre mit Schlangen angefüllten Schiffe erblickt hatten, wendeten sie, von der neuartigen Sache erschreckt, da sie nicht sahen, was sie zuerst meiden sollten, ihre Schiffe und kehrten zurück zu ihren Seestützpunkten. (7) So überwand Hannibal durch eine List die Waffen der Pergamener und schlug nicht nur damals, sondern oft zu anderer Gelegenheit mit gleicher Klugheit die Feinde mit Landtruppen.

12 (1) Während dies in Asien geschah, passierte es durch Zufall, dass die Gesandten des Prusias in Rom bei dem ehemaligen Konsul Titus Quinctius Flaminius speisten und dort, als Hannibal erwähnt worden war, einer von ihnen sagte, dass er sich im Königreich des Prusias befinde. (2) Das überbrachte Flaminius am folgenden Tag dem Senat. Die Senatoren, die [da sie] glaubten, dass sie zu Lebzeiten Hannibals niemals ohne Anschläge leben würden, schickten Gesandte nach Bithynien, unter diesen Flaminius, die vom König erbitten sollten, dass er ihren ärgsten Feind nicht bei sich haben dürfe, sondern (ihn) ihnen ausliefern müsse. (3) Diesen wagte Prusias nicht (die Bitten) abzuschlagen. Er sträubte sich (jedoch) dagegen, dass sie von ihm verlangten, dass das geschehe, was gegen das Gastrecht sei: Sie selbst, wenn sie könnten, sollten ihn ergreifen; den Ort, wo er sei, fänden sie leicht. Denn Hannibal hielt sich an einem einzigen Ort auf, in einem Kastell, welches ihm vom König zum Geschenk gegeben worden war, und das hatte er so gebaut, dass er in allen Teilen des Gebäudes einen Ausgang hatte, offenbar aus Furcht, dass sich das ereignen werde, was passierte. (4) Als die Gesandten der Römer hierher gekommen waren und sein Haus mit einer Menge umgeben hatten, sagte ein Junge, der am Eingang Ausschau hielt, dass sich mehr Bewaffnete als gewöhnlich zeigten. Dieser befahl ihm, dass er zu allen Türen gehen und ihm eilends melden solle, ob er auf eben diese Weise von allen Seiten belagert werde. (5) Als der Junge schnell zurückgemeldet hatte, was sei, und erklärt hatte, dass alle Ausgänge besetzt (seien), merkte er, dass dies nicht zufällig geschehen (sei), sondern dass er angegriffen werde und sein Leben nicht länger behalten dürfe. Damit er dieses nicht durch fremde Entscheidung verliere, nahm er, eingedenk seiner früheren Tugenden, das Gift, das er immer bei sich zu haben gewohnt war.

13 (1) So gelangte der äußerst tapfere Mann, nachdem er viele und verschiedene Mühen überstanden hatte, im siebzigsten Jahr zur Ruhe. Unter welchen Konsuln er gestorben ist, darüber ist man sich nicht einig. Denn Marcus Atticus hat in seinem Jahrbuch überliefert, dass er unter den Konsuln Claudius Marcellus und Quintus Fabius Labeo gestorben sei; Polybius aber unter den Konsuln Lucius Aemilius Paulus und Gnaeus Baebius Tamphilus; Sulpicius Blitho hingegen unter Publius Cornelius Cethegus und Marcus Baebius Tamphilus. (2) Aber dieser so große und in so große Kriege verstrickte Mann widmete (auch) der Wissenschaft einige Zeit. Denn es existieren einige Bücher von ihm, (die) in griechischer Sprache verfasst (sind), unter ihnen das an die Rhodier über die Taten des Gnaeus Manlius Volso in Kleinasien. (3) Dessen Kriegstaten haben viele dem Gedächtnis überliefert, aber unter ihnen zwei, die mit ihm im Lager waren und mit ihm zusammenlebten, solange es das Geschick gestattete, Silenus und Sosylos, der Spartaner. Und diesen Sosylos gebrauchte Hannibal zum Lehrer der griechischen Sprache. (4) Aber es ist Zeit, dass wir diesem Buch ein Ende machen und (das Leben) der Feldherrn der Römer schildern, damit man, indem man beider Taten vergleicht, umso leichter urteilen kann, welche Männer vorzuziehen sind.

XXIV. M. Porcius Cato

1 (1) Marcus Cato, geboren in der Landstadt Tusculum, hielt sich als junger Mann, bevor er sich um Ehrenstellen bewarb, im Sabinerland auf, weil er dort sein vom Vater hinterlassenes Erbe hatte. Von dort zog er auf Zureden des Lucius Valerius Flaccus, den er im Konsulat und in der Zensur zum Kollegen hatte, wie der ehemalige Zensor Marcus Perpenna zu erzählen pflegte, nach Rom und begann auf dem Forum tätig zu sein. (2) Er leistete zuerst Kriegsdienst im Alter von siebzehn Jahren. Unter den Konsuln Quintus Fabius und Marcus Claudius war er Militärtribun in Sizilien. Als er von dort zurückkehrte, folgte er dem Gaius Claudius Nero in den Krieg, und hoch wurde seine Tätigkeit in der Schlacht bei Sena geschätzt, in der Hasdrubal, Hannibals Bruder, fiel. (3) Als Quästor wurde er dem Konsul Publius Africanus zugeteilt; mit diesem lebte er (jedoch) nicht nach dem engen Verhältnis des Amtes: Denn mit ihm war er sein ganzes Leben lang uneinig. Er wurde Volksädil zusammen mit Gaius Helvius. (4) Als Prätor hatte er die Provinz Sizilien inne, aus der er als Quästor in früherer Zeit bei seiner Rückkehr aus Afrika den Dichter Quintus Ennius mitgebracht hatte; was wir nicht geringer einschätzen als jeden noch so prächtigen sardinischen Triumph [über Sardinien].

2 (1) Er verwaltete das Konsulat zusammen mit Lucius Valerius Flaccus, nachdem er durch das Los als Provinz das diesseitige Spanien erhalten hatte, aus dem er einen Triumph davontrug. (2) Als er sich dort länger aufhielt, wollte ihn Publius Scipio Africanus, zum zweiten Mal Konsul, unter dessen früherem Konsulat er Quästor gewesen war, aus der Provinz vertreiben und selbst an seine Stelle treten; doch konnte er dies nicht beim Senat durchsetzen, obwohl gerade Scipio die erste Stelle im Staat einnahm, weil der Staat damals nicht nach Einfluss, sondern nach Recht verwaltet wurde. Darüber erzürnt auf den Senat, blieb er, nachdem sein Konsulat zu Ende war, als Privatmann in der Stadt. (3) Aber Cato, der mit eben diesem Flaccus zum Censor gewählt worden war, stand diesem Amt in strenger Weise voran. Er schritt nämlich sowohl gegen mehrere Vornehme ein als er auch viele neue Dinge zur Verordnung hinzufügte, durch die die Schwelgerei eingeschränkt werden sollte, die schon damals zu keimen begann. (4) Ungefähr achtzig Jahre lang, bis zu seinem Lebensende von Jugend an, hörte er nicht auf, des Staates wegen sich Feindschaft zuzuziehen. Von vielen wurde er auf die Probe gestellt und erlitt nicht nur keinen Schaden seines Rufes, sondern wuchs, solange er lebte, durch das Lob seiner Tugenden.

3 (1) Bei allen Dingen war er von einzigartigem Fleiß. Denn er war ein geschickter Bauer, ein erfahrener Rechtsgelehrter, ein großer Feldherr, ein guter Redner und sehr begierig nach wissenschaftlichen Studien. (2) Auch wenn er (erst) als älterer (Mann) das Studium dieser in Angriff genommen hatte, machte er dennoch einen so großen Fortschritt, dass nicht leicht (etwas) gefunden werden kann, weder von griechischen noch von italischen (geschichtlichen) Dingen, was ihm unbekannt gewesen ist. Von Jugend auf verfasste er Reden. Als Greis begann er, ein Geschichtswerk zu schreiben. (3) Davon gibt es sieben Bücher. Das erste enthält die Taten der Könige des römischen Volkes; das zweite und dritte, woraus ein jeder italische Staat entstanden ist; deswegen scheint er alle „Origines“ [„Urgeschichte“] genannt zu haben. Im vierten aber ist der Erste, im fünften der Zweite Punische Krieg (enthalten). (4) Und dies alles ist dem Hauptinhalt nach erzählt. Auch die übrigen Kriege hat er in gleicher Weise behandelt bis zur Prätur des Servius Galba, der die Lusitanier vernichtete; und die Führer dieser Kriege hat er nicht genannt, sondern ohne Namen die Taten aufgezeichnet. In eben diesen (Büchern) hat er ausgeführt, was in Italien und in den beiden (Teilen) Spanien(s) geschah oder bemerkenswert erschien. In diesen kommt viel Fleiß und Eifer zum Vorschein, keine Gelehrsamkeit. (5) Über dessen Leben und seinen Charakter haben wir mehr in dem Buch erzählt, das wir gesondert über ihn verfasst haben, auf Wunsch des Titus Pomponius Atticus. Daher verweisen wir die Verehrer Catos auf jene Schrift.

XXV. T. Pomponius Atticus

1 (1) Titus Pomponius Atticus, vom ältesten Ursprung des römischen Volkes abstammend, behielt lebenslang die von den Vorfahren ererbte Ritterwürde. (2) Er hatte einen umsichtigen (Vater) und, wie damals die Zeiten waren, reichen und besonders an Bildung interessierten Vater. Dieser unterrichtete, so wie er selbst die Bildung liebte, seinen Sohn in allen Lehrfächern, in welchen das Knabenalter unterwiesen werden muss. (3) In dem Jungen war aber außer einer raschen Auffassungsgabe eine sehr hohe Lieblichkeit der Sprache und der Stimme, so dass er nicht nur schnell begriff, was ihm mitgeteilt wurde, sondern auch außerordentlich vortragen konnte. Deshalb galt er im Jungenalter als ausgezeichnet vor seinen Altersgenossen und begann heller zu glänzen, als die hochstrebenden Mitschüler mit Gleichmut ertragen konnten. (4) Daher spornte er alle durch seinen Eifer an. Unter dieser Anzahl befanden sich Lucius Torquatus, Gaius Marius, der Sohn, und Marcus Cicero; diese fesselte er durch seinen Umgang so sehr an sich, dass niemand diesen lebenslang lieber gewesen ist.

2 (1) Sein Vater starb frühzeitig. Er selbst war als ganz junger Mann wegen der Verwandtschaft mit Publius Sulpicius, der als Volkstribun getötet wurde, nicht ohne Anteil an jener Gefahr. Denn Anicia, die Kusine des Pomponius hatte den Servius, den Bruder des Sulpicius, geheiratet. (2) Als daher Sulpicius getötet worden war, begab er sich, nachdem er gesehen hatte, dass der Staat durch den Aufruhr des Cinna völlig verwirrt war und ihm keine Möglichkeit geboten würde, seiner Würde gemäß zu leben, ohne die eine oder andere Partei zu verletzen, nachdem die Gemüter der Bürger entzweit waren, da die einen die Partei des Sulla, die andern die des Cinna begünstigten – da begab er sich nach Athen, da er die Zeit für geeignet hielt, seinen Studien nachzugehen. Nichtsdestoweniger unterstützte er den jungen, zum Staatsfeind erklärten Marius mit seinem Vermögen, dessen Flucht er durch Geld erleichterte. (3) Aber damit nicht jenes Leben in der Fremde seinem Vermögen irgendwelchen Schaden brächte, brachte er einen großen Teil seines Vermögens eben dorthin. Hier lebte er so, dass er allen Athenern durch seinen Verdienst sehr viel wert war. (4) Denn abgesehen von der Beliebtheit, die schon bei dem jungen Mann groß war, half er oft durch sein Vermögen ihrem öffentlichen Geldmangel ab. Wenn man nämlich eine öffentliche Anleihe (gegen Zinsen) machen musste und sie keine passende Gelegenheit dazu hatten, schaltete er sich immer ein, und zwar so, dass er weder einen Wucherzinssatz von ihnen nahm noch sie länger, als verabredet war, Schulden haben ließ. (5) Dies beides war für sie nützlich. Denn er ließ weder durch das Üben von Nachsicht ihre Schulden veralten noch durch Vervielfältigung der Zinssätze wachsen. (6) Er steigerte diese Dienstfertigkeit auch durch eine andere Freigebigkeit. Er beschenkte nämlich alle mit Getreide, so dass den Einzelnen je sechs Scheffel Weizen gegeben wurden; diese Größe des Maßes wird in Athen Medimnos genannt.

3 (1) Hier aber verhielt er sich so, dass er den Niedriggestellten leutselig, den Vornehmsten gleich schien. Daher kam es, dass sie diesem alle Ehren, die sie (geben) konnten, von Staats wegen erwiesen und sich bemühten, ihn zu ihrem Mitbürger zu machen; diese Wohltat wollte jener jedoch nicht nutzen, was einige so erklärten, dass das römische Bürgerrecht bei Annahme eines anderen verloren werde. (2) Solange er da war, weigerte er sich, dass ihm ein Standbild errichtet wurde; in Abwesenheit konnte er es nicht verhindern. Deshalb stellten einige ihm selbst an den sehr ehrwürdigen Stellen Standbilder auf: Diesen hielten sie nämlich auf jedem Gebiet der Staatsverwaltung für die treibende Kraft und einen Förderer. (3)

Erstens war das also ein Geschenk des Schicksals, dass er gerade in der Stadt geboren wurde, in der der Sitz der Herrschaft über die Welt war, so dass er eben diese als Heimat und als Wohnsitz hatte; das ist ein Beweis seiner Klugheit, dass er, als er sich in diese Bürgerschaft begeben hatte, die an Alter, Bildung und Gelehrsamkeit alle übertraf, ihr als Einziger der beliebteste war.

4 (1) Als Sulla bei seiner Rückkehr aus Kleinasien hierher gekommen war, hatte er, solange er dort war, den Pomponius bei sich, gefangen genommen von der Bildung und Gelehrsamkeit des jungen Mannes. Er sprach nämlich so Griechisch, dass er in Athen geboren zu sein schien; so groß aber war der Reiz seiner lateinischen Sprache, dass es offenbar war, dass in ihm ein gewisser angeborener Witz vorhanden war, nicht ein angeeigneter. Eben dieser trug Gedichte sowohl auf Griechisch als auch auf Latein so vor, dass darüber hinaus nichts hinzugefügt werden konnte. (2) Dadurch kam es, dass Sulla ihn nirgends von sich ließ und ihn mit sich zu führen wünschte. Als dieser (ihn) zu überreden versuchte, sagte Pomponius: „Wünsche nicht, ich bitte dich, mich gegen diese zu führen, mit denen ich Italien verlassen habe, um nicht gegen dich die Waffen richten zu müssen." Aber Sulla befahl, nachdem das Pflichtgefühl des jungen Mannes sehr gelobt worden war, dass ihm alle Auszeichnungen, die er in Athen empfangen hatte, übertragen würden, und reiste ab. (3) Hier hielt er sich mehrere Jahre auf, wobei er sich um das Vermögen in dem Maße kümmerte, wie es ein nicht unachtsamer Familienvater musste, und die ganze übrige Zeit entweder den Wissenschaften oder dem Staat der Athener widmete und nichtsdestoweniger den Freunden Dienste in der Stadt erwies. (4) Denn auch ihre Versammlungen besuchte er (immer wieder) und, wenn irgendeine größere Angelegenheit verhandelt wurde, fehlte er nicht sowie er dem Cicero in allen seinen Gefahren einzigartige Zuverlässigkeit erwies; diesem schenkte er, als er aus dem Vaterland floh, 250000 Sesterzen. (5) Als aber die römischen Verhältnisse sich beruhigt hatten, kehrte er nach Rom zurück, wie ich glaube, unter den Konsuln Lucius Cotta und Lucius Torquatus. Diesem gab – als er verstarb – die ganze Bürgerschaft der Athener so das Geleit, dass sie durch ihre Tränen den Schmerz des zukünftigen Vermissens zeigten.

5 (1) Er hatte einen Onkel, Quintus Caecilius, einen römischen Ritter und Freund des Lucius Lucullus, einen reichen Mann von sehr schwierigem Charakter. Dessen barsches Wesen scheute er so, dass er, den niemand ertragen konnte, sich ohne dessen Verletzung bis zum höchsten Greisenalter das Wohlwollen erhielt. (2) Dadurch erntete er die Frucht seiner liebevollen Haltung. Caecilius nämlich adoptierte ihn sterbend in seinem Testament und machte ihn zu drei Viertel zu seinem Erben; aus dieser Erbschaft erhielt er 10 Mio. Sesterzen. (3) Die Schwester des Atticus war verheiratet mit Quintus Tullius Cicero, und diese Heirat hatte Marcus Cicero vermittelt, mit dem er von der gemeinsamen Schulzeit an sehr eng befreundet lebte, um vieles vertrauter sogar als mit Quintus, so dass man schließen kann, dass bei der Freundschaft mehr die Ähnlichkeit des Charakters als die Verwandtschaft gelte. (4) Sehr vertraut aber ging er mit Quintus Hortensius um, der zu dieser Zeit den ersten Rang der Beredsamkeit einnahm, so dass nicht leicht erkannt werden kann, wer von beiden ihn mehr liebte, Cicero oder Hortensius und das, was das Schwierigste war, bewirkte, dass zwischen diesen, unter denen ein Wetteifer um so großen Ruhm stattfand, kein Neid trat, (sondern) ein Band derartiger Männer darstellte.

6 (1) Im Staatsleben verhielt er sich so, dass er immer zu der Optimatenpartei gehörte und gerechnet wurde und sich dennoch nicht den Strömungen des politischen Lebens überließ, weil er glaubte, dass diese nicht mehr ihr eigener Herr seien, die sich diesen (Strömunge n) hingegeben hätten, als (die), die von Seestürmen hin- und hergeschleudert würden. (2) Ehrenstellen erstrebte er nicht, obwohl sie ihm entweder wegen seiner Beliebtheit oder wegen seiner Würde offenstanden, weil sie weder nach der Sitte der Väter erstrebt werden noch unter Bewahrung der Gesetze bei so verbreiteten Bestechungen erlangt werden könnten noch zum Nutzen des Staates ohne Gefahr verwaltet werden könnten, da die Sitten der Bürgerschaft verdorben seien. (3) Zu einer öffentlichen Versteigerung kam er nie. In keinem Fall wurde er weder Bürge oder Pächter. Niemanden klagte er weder in seinem Namen an noch, indem er als Nebenkläger mit unterschrieb; er ging niemals in einem Privatprozess vor Gericht; er hielt kein Gericht ab. (4) Die unter den vielen Konsuln- und Prätorenämtern übertragenen Ämter des Präfekten nahm er so an, dass er niemandem in die Provinz folgte, mit seinem Ehrenamt zufrieden war und den Gewinn seines Vermögens verachtete; dieser wollte nicht einmal mit Quintus Cicero nach Kleinasien gehen, als er bei ihm die Stellung eines Legaten einnehmen konnte. Denn er glaubte, es zieme sich für ihn nicht, da er die Prätur nicht hätte verwalten wollen, ein ständiger Begleiter des Prätors zu sein. (5) Hierin diente er nicht nur seinem Ansehen, sondern auch seiner Ruhe, weil er auch die Verdächtigungen von Vergehen vermied. Dadurch kam es, dass seine rücksichtsvolle Haltung allen umso lieber war, weil sie sahen, dass sie dem pflichtgemäßen Handeln, nicht der Furcht und nicht der Hoffnung zugeschrieben werde.

7 (1) Es brach der Bürgerkrieg Caesars aus, als er ungefähr 60 Jahre alt war. Er nutzte das Freisein (vom Militärdienst) aufgrund des Alters und bewegte sich nicht irgendwohin aus der Stadt fort. Was seine Freunde nötig gehabt hatten, als sie zu Pompeius aufbrachen, gab er ihnen alles von seinem Vermögen. Den (ihm durch Freundschaft) verbundenen Pompeius selbst verletzte er nicht. (2) Keine Auszeichnung besaß er von ihm wie die Übrigen, die durch ihn entweder Ehren oder Reichtum erlangt hatten, von denen ihm ein Teil höchst widerwillig in den Krieg folgte, ein Teil mit größtem Verdruss über ihn zu Hause blieb. (3) Aber das ruhige Verhalten des Atticus war dem Caesar so sehr angenehm, dass er als Sieger, als er den Privatleuten brieflich Geld auferlegte, diesem nicht nur nicht lästig war, sondern sogar den Sohn seiner Schwester und Quintus Cicero aus dem Lager des Pompeius begnadigte. So vermied er durch seinen alten Lebensgrundsatz neue Gefahren.

8 (1) Es folgte jene Zeit, nachdem Caesar ermordet worden war, als die Staatsgewalt in den Händen des Brutus und Cassius zu sein schien, und die ganze Bürgerschaft sich zu ihnen gewandt hatte. (2) Mit Marcus Brutus pflegte er so Umgang, dass jener junge Mann mit keinem Altersgenossen vertrauter (verkehrte) als mit diesem alten Mann und ihn nicht nur als Ersten einer Beratung hatte, sondern auch (als Ersten) bei der Tischgesellschaft. (3) Es war von einigen ausgedacht worden, dass für die Mörder Caesars eine Privatkasse von den römischen Rittern eingerichtet werden sollte. Sie glaubten, dass dies leicht durchgeführt werden könne, wenn die ersten dieses Standes Geld zusammengebracht hätten. Daher wurde von Gaius Flavius, dem Freund des Brutus, Atticus angesprochen, dass er in dieser Angelegenheit der Erste sein wolle. (4) Aber jener, der glaubte, dass er den Freunden Gefälligkeiten erweisen müsse ohne Parteistreben und sich immer von solchen Plänen ferngehalten hatte, antwortete: Wenn Brutus irgendetwas von seinen Geldmitteln hätte gebrauchen wollen, werde er es gebrauchen, soweit diese (es) zuließen; aber er werde weder mit jemandem hierüber reden noch sich zusammentun. So wurde jener Kreis der Einstimmigkeit durch die fehlende Zustimmung dieses einen gesprengt. (5) Nicht viel später begann Antonius die Oberhand zu haben, so dass Brutus und Cassius, nachdem die Sorge für die Provinzen aufgegeben worden war, die ihnen der Form wegen vom Konsul gegeben worden waren, weil die Situation verzweifelt war, in die Verbannung gingen. (6) Atticus, der das Geld zugleich mit den Übrigen nicht für jene herrschende Partei hatte zusammenbringen wollen, schickte, nachdem Brutus ins Verderben gestürzt worden war und aus Italien wich, 100000 Sesterzen zum Geschenk. Er befahl, dass eben diesem in Epirus, wenn er abwesend war, 300 gegeben werden, und weder schmeichelte er dadurch mehr dem mächtigen Antonius noch ließ er die Verzweifelten im Stich.

9 (1) Es folgte der Kampf bei Mutina. Wenn ich in diesem nur ihn klug nennen wollte, dann dürfte ich ihn wohl weniger loben, als ich sollte, da jener eher seherisch begabt gewesen ist, wenn die Sehergabe (überhaupt) eine fortwährende natürliche Herzensgüte genannt werden kann, die durch keine Schicksalsschläge ins Wanken gebracht noch verringert wird. (2) Zum Staatsfeind erklärt hatte Atticus Italien verlassen; es gab keine Hoffnung ihn (in seine Rechte) wiedereinzusetzen. Nicht nur seine persönlichen Feinde, die damals sehr mächtig und zahlreich waren, sondern auch die, die sich seinen Gegnern anboten und dadurch, dass sie ihn verletzten, hofften, dass sie irgendeinen Vorteil erreichen würden, verfolgten die Freunde des Antonius, wollten seine Gattin Fulvia ihres gesamten Vermögens berauben und schickten sich sogar an, seine Kinder zu töten. (3)

Obwohl Atticus mit Cicero sehr vertrauten Umgang pflegte und mit Brutus sehr befreundet war, war er diesen nicht nur in keiner Weise zu Willen, gewalttätig gegen Antonius vorzugehen, sondern schützte – im Gegenteil – seine Freunde bei der Flucht aus der Stadt, soweit er konnte, und unterstützte sie mit den Dingen, derer sie bedurften. (4) Dem Publius Volumnius aber erwies er so viel, dass nicht mehr von seinem Vater ausgehen konnte. Der Fulvia selbst aber erwies er, obwohl er durch Prozesse in Anspruch genommen und durch heftige Drohungen geplagt wurde, mit so großer Umsicht seine Gefälligkeit, dass jene niemals ohne Atticus vor Gericht erschien, er (also) in allen Fällen ihr Bürge war. (5) Ja sogar, wenn jene bei günstiger Gelegenheit ein Landgut für einen bestimmten Tag gekauft hatte und die Zinsen nach ihrem Unglück nicht hatte zahlen können, schaltete sich jener ein und überließ das Geld ohne Zinsen und ohne irgendeine schriftliche Verpflichtung (zur Rückzahlung) auf Treu und Glauben, wobei er es für den größten Gewinn hielt, als erkenntlich und dankbar angesehen zu werden und zugleich zu zeigen, dass er gewohnt sei, nicht mit dem Glück, sondern mit den Menschen befreundet zu sein. (6) Als er dies tat, konnte niemand glauben, dass er es der Zeitumstände wegen tue. Niemandem nämlich kam es in den Sinn, dass Antonius sich der Staatsleitung bemächtigen werde. (7) Aber allmählich wurde er von einigen Optimaten und seinen Freunden getadelt, weil er die schlechten Bürger zu wenig zu hassen schien. Jener aber, (ein Mann) von eigenständiger Urteilskraft, sah lieber darauf, was ihm zu tun angemessen war, als darauf, was andere loben würden.

10 (1) Plötzlich wendete sich das Glück. Als Antonius nach Italien zurückkehrte, hatte jeder geglaubt, dass Atticus in großer Gefahr sei wegen des vertrauten Umgangs mit Cicero und Brutus. (2) Daher hatte er sich kurz vor Ankunft der Feldherrn aus dem öffentlichen Leben zurückgezogen, weil er die Proskription fürchtete, und hielt sich verborgen bei Publius Volumnius, dem er, wie wir gezeigt haben, kurz zuvor Hilfe gebracht hatte (so groß war der Wechsel des Glücks in diesen Zeiten, dass bald diese, bald jene auf dem höchsten Gipfel oder in Gefahr waren), und er hatte bei sich Quintus Gallius Canus, einen Altersgenossen und ihm sehr ähnlich. (3) Auch dies dürfte ein Beispiel sein für die Güte des Atticus, dass er mit demjenigen, den er als Jungen in der Schule kennengelernt hatte, so eng verbunden lebte, dass bis zum Ende ihres Lebens ihre Freundschaft wuchs. (4) Antonius aber, obwohl er sich von so großem Hass gegen Cicero hinreißen ließ, dass er nicht nur ihm, sondern sogar allen seinen Freunden feindlich (gesonnen) war und sie ächten wollte – war dennoch, obwohl ihn viele ermahnten, eingedenk der Gefälligkeit des Atticus – und schrieb ihm, als er nachgeforscht hatte, wo er sei, persönlich, dass er sich nicht fürchten solle und sofort zu ihm kommen solle: Er habe ihn und seinetwegen den Canus aus der Zahl der Geächteten herausgenommen. Und damit ihm keine Gefahr zustoße, schickte er ihm – weil es in der Nacht geschah – eine Schutzwache. (5) So war Atticus in der größten Furcht nicht nur für sich, sondern auch für denjenigen, den er für den Teuersten hielt, zum Schutz. Denn er hatte nicht nur zu seiner Rettung von jemandem Hilfe erbeten, sondern (für die Rettung) des (ihm) Verbundenen, so dass es offenbar war, dass er für sich kein Glück wollte, das von diesem getrennt war. (6) Wenn aber ein Steuermann durch besonderes Lob gerühmt wird, der das Schiff aus dem Sturm und dem klippenreichen Meer rettet, warum wird nicht die Klugheit desjenigen (Mannes) für einzigartig gehalten, der aus so vielen und so schweren bürgerlichen Stürmen zur Unversehrtheit gelangte?

11 (1) Sobald er sich von diesen Übeln befreit hatte, tat er nichts anderes, als möglichst vielen, mit welchen Mitteln er konnte, zu Hilfe zu kommen. Als die Menge die Geächteten wegen der Belohnungen der Feldherrn aufspürte, kam niemand nach Epirus, dem irgendetwas fehlte, und jedem wurde die Möglichkeit, dort auf Dauer zu bleiben, gegeben. (2) Ja sogar nach der Schlacht bei Philippi und dem Tod des Gaius Cassius und Marcus Brutus richtete er es ein, den ehemaligen Prätor Lucius Iulius Mocilla, dessen Sohn, Aulus Torquatus und die Übrigen, die durch ein gleiches Schicksal zugrunde gerichtet worden waren, zu schützen und ließ diesen aus Epirus alles nach Samothrake schaffen. Es ist schwer, alles zu erzählen und nicht notwendig. (3) Jenes eine wollen wir, dass es eingesehen wird, dass seine Freigebigkeit weder den Zeitumständen angepasst (war) noch berechnend war. (4) Das kann aus den tatsächlichen Gegebenheiten und den Zeitverhältnissen selbst beurteilt werden, dass

er sich nicht an diejenigen verkaufte, die auf der Höhe ihrer Macht standen, sondern immer den Bedrängten half; dieser kümmerte sich jedenfalls um Servilia, die Mutter des Brutus, nicht weniger nach seinem Tod wie zu der Zeit, als er noch mächtig war. (5) So trug er bei Ausübung seiner Freigebigkeit keine Feindschaften aus, weil er weder jemanden verletzte noch, wenn er Unrecht empfangen hatte, es lieber vergessen als sich rächen wollte. Eben dieser behielt empfangene Wohltaten in unauslöschlicher Erinnerung; was er aber selbst erwiesen hatte, behielt er so lange im Gedächtnis, wie jener dankbar war, der es empfangen hatte. (6) Daher handelte dieser, dass wahr gesprochen zu sein scheint:
Für jeden Menschen bildet der Charakter sein Schicksal.
Dennoch bildete jener nicht eher sein Schicksal als sich selbst, der sich hütete, nicht in irgendeiner Angelegenheit mit Recht bestraft zu werden.

12 (1) Hierdurch also bewirkte er, dass Marcus Vipsanius Agrippa, (der) durch engste Freundschaft mit dem jungen Caesar verbunden (war), obwohl er wegen seines Einflusses und Caesars Macht die Möglichkeit zu jeder ehelichen Verbindung hatte, gerade seine Verwandtschaft auswählte und die Tochter eines römischen Ritters der Heirat mit einer (anderen) der adligen (Töchter) vorzog. (2) Und der Vermittler dieser Ehe war (denn man kann es nicht verheimlichen) Marcus Antonius, einer der Triumvirn zur Wiederherstellung des Staates. Obwohl er durch dessen Einfluss seine Besitzungen vermehren konnte, war er soweit von der Begierde nach Geld entfernt, dass er dieses bei keiner Gelegenheit brauchte außer beim Abwenden von Gefahren oder Nachteilen seiner Freunde durch Bitten. (3) Dies jedenfalls war gerade während der Proskription deutlich (zu sehen). Denn als die Triumvirn die Güter des Lucius Saufeius, eines römischen Ritters, seines Altersgenossen, der mehrere Jahre durch das Studium der Philosophie veranlasst in Athen wohnte und in Italien wertvolle Besitzungen hatte nach der Gewohnheit, nach der sich die Dinge damals abspielten, verkauft hatten – da geschah es durch des Atticus' Mühe und Fleiß, dass Saufeius durch dieselbe Nachricht erfuhr, er habe sein Erbgut verloren und wieder erhalten. (4) Eben dieser hat Lucius Iulius Calidus, von dem es mir wahrlich recht scheint behaupten zu können, dass unser Jahrhundert ihn seit dem Tod des Lukrez und des Catull als bei weitem geschmackvollsten Dichter hervorgebracht hat und als einen nicht weniger guten und in den besten Wissensgebieten unterrichteten Mann – ihn, der nach der Ächtung der Ritter wegen seiner großen afrikanischen Besitztümer von Publius Volumnius, dem Befehlshaber einer Pioniereinheit des Antonius, in Abwesenheit unter die Zahl der Geächteten gerechnet worden war, aus der Proskriptionsliste streichen lassen. (5) Ob dies im Augenblick für ihn mühevoller oder ruhmvoller gewesen sei, ist schwer zu entscheiden, weil man erkannte, dass die abwesenden Freunde in ihren Gefahren Atticus nicht anders am Herzen lagen als die anwesenden.

13 (1) Aber jener Mann wurde nicht weniger für einen guten Familienvater gehalten als für einen Bürger. Denn obwohl er reich war, war niemand weniger kauflustig und weniger baulustig als jener. Aber dennoch wohnte er besonders schön und verwendete alle besten Dinge. (2) Denn er hatte das Haus des Tamphilus auf dem Quirinal, (das ihm) von seinem Onkel durch Erbschaft hinterlassen (worden war); dessen Reiz bestand nicht in dem Gebäude, sondern in dem Park. Denn er hatte das Haus selbst in alter Zeit mehr mit Geschmack als mit Aufwand errichtet; an diesem änderte er nichts, außer wenn er infolge des Alters gezwungen war. (3) Er hatte eine Dienerschaft, (die), wenn nach der Nützlichkeit zu beurteilen, sehr gut (war), wenn nach ihrem Äußeren (zu urteilen) kaum mittelmäßig (war). Denn in dieser befanden sich sehr gebildete Jungen, sehr gute Vorleser und sehr viele Schreiber, so dass nicht einmal irgendein Leibdiener da war, der nicht eine von diesen beiden (Eigenschaften) schön tun konnte; von gleicher Art waren die übrigen Handwerker, die der Haushalt benötigt, ganz besonders tüchtige. (4) Aber dennoch hatte er keinen von diesen, der nur zu Hause geboren und zu Hause erzogen worden war; dies ist nicht nur ein Zeichen seiner Sparsamkeit, sondern auch seiner Sorgfalt. Denn nicht unmäßig (das) zu erstreben, von dem man sieht, dass es von den meisten (erstrebt wird), soll für das Zeichen eines Sparsamen gehalten werden, und eher durch Sorgfalt als durch Geld etwas zu erwerben ist Zeichen von mittelmäßigem Fleiß. (5) Er war geschmackvoll, (aber) nicht großtuerisch; prachtliebend, (aber) nicht verschwenderisch: Seine ganze Sorgfalt strebte nach Sauberkeit, nicht nach Überfluss. Sein Hausrat war angemessen, nicht zahlreich, so dass er nach keiner von beiden Seiten [Verschwendung und zu große Bescheidenheit] hin auffallen konnte. (6) Und ich will Folgendes auch nicht übergehen, obwohl ich glaube, dass es von manchen für unwichtig gehalten werden wird. Obwohl er ein besonders vornehmer römischer Ritter war und nicht allzu wenig spendabel Menschen aller Stände in sein Haus einlud, wissen wir, dass er gewohnt war, nach seinem Haushaltsbuch nicht mehr als je 3000 Sesterzen ganz gleichmäßig für die einzelnen Monate als Ausgabe für den Aufwand einzutragen. (7) Und dieses erwähnen wir nicht vom Hörensagen, sondern aus eigener Kenntnis: Denn wir haben wegen des vertrauten Umgangs oft an (seinen) häuslichen Angelegenheiten teilgenommen.

14 (1) Niemand hörte bei seinem Gastmahl einen anderen Ohrenschmaus als einen Vorleser; dies jedenfalls halten wir für etwas sehr Angenehmes: Niemals wurde bei ihm ohne irgendeine Lesung gespeist, so dass die Gäste nicht weniger geistig als leiblich erfreut wurden. (2) Denn er lud diejenigen ein, deren Charakter mit seinem eigenen nicht im Widerspruch stand. Obwohl ein so großer Zuwachs an Geld entstanden war, änderte er nichts an der täglichen Lebenshaltung, nichts an seiner Lebensgewohnheit, und er machte von einem so großen Maßhalten Gebrauch, dass er sich weder bei zwei Mio. Sesterzen, die er von seinem Vater erhalten hatte, zu wenig prachtliebend zeigte noch bei zehn Mio. Sesterzen verschwenderischer lebte, als er es eingeführt hatte, und in beiden Vermögenslagen bei gleichem Lebensstandard blieb. (3) Er hatte keine Gärten, kein kostspieliges Landhaus in der Nähe der Stadt oder am Meer und auch nicht in Italien, außer dem arretinischen [Gut in Arretium, heute Arezzo] und dem nomentanischen [Landgut in Nometum], und der gesamte Ertrag seines Geldes bestand in epirotischen und städtischen Besitztümern [bei Epirus und in Rom]. Daraus kann ersehen werden, dass er gewohnt war, den Nutzen des Geldes nicht nach der Menge, sondern nach der Vernunft zu bemessen.

15 (1) Er sagte weder eine Lüge noch konnte er sie dulden. Daher war seine Freundlichkeit nicht ohne Strenge und sein würdevoller Ernst nicht ohne Leichtigkeit, so dass es schwer einzusehen ist, ob ihn seine Freunde mehr ehrfürchtig verehrten oder liebten. Um was auch immer er gebeten wurde, versprach er nach gewissenhafter Überlegung, weil er es nicht für ein Zeichen von Freigebigkeit, sondern für Leichtsinnigkeit hielt, (etwas) zu versprechen, was er nicht halten könne. (2) Eben dieser war beim Einhalten, wenn er einmal zugesagt hatte, von so großem Bemühen, dass er nicht eine aufgetragene, sondern seine eigene Angelegenheit auszuführen schien. Niemals verdross ihn eine unternommene Mühe. Denn er glaubte, dass es dabei um seinen guten Ruf ginge, (im Vergleich) zu dem er nichts für wertvoller hielt. (3) Daher kam es, dass er alle Geschäfte der Ciceronen [des M. und C. Cicero], des Marcus Cato, des Quintus Hortensius, des Aulus Torquatus und außerdem vieler römischer Ritter besorgte. Daraus konnte geschlossen werden, dass er nicht aus Trägheit, sondern aus Überzeugung die Verwaltung des Staates mied.

16 (1) Für seine Menschlichkeit aber kann ich keinen besseren Beweis anführen, als dass derselbe als junger Mann dem greisen Sulla sehr angenehm war, als Greis dem jungen Marcus Brutus, mit seinen Altersgenossen aber, dem Quintus Hortensius und Marcus Cicero, so lebte, dass es schwer ist zu beurteilen, für welches Alter er am passendsten war. (2) Indessen liebte ihn besonders Cicero, so dass nicht einmal sein Bruder Quintus ihm teurer oder vertrauter war. (3) Für diese Tatsache dienen zum Beweis außer den Büchern, in denen er hierüber eine Erwähnung macht und die veröffentlicht wurden, sechzehn Bände von Briefen, die von seinem Konsulat an bis zu seiner letzten Lebenszeit an Atticus geschickt wurden; wer diese liest, dürfte wohl nicht sehr eine zusammenhängende Geschichte dieser Zeit vermissen. (4) So ist nämlich alles über die Bestrebungen der Vornehmen, über die Fehler der Feldherrn und über die Veränderungen des Staates genau geschrieben worden, so dass alles in diesen offenbar ist und man leicht glauben kann, dass die Klugheit auf eine gewisse Weise eine Sehergabe ist. Denn Cicero hat nicht nur das, was ihm zu Lebzeiten widerfuhr, als zukünftig vorhergesagt, sondern auch (das), was sich (erfahrungsgemäß) ereignet, wie ein Seher vorhergesagt.

17 (1) Was soll ich aber noch mehr über das Pflichtgefühl des Atticus (den Angehörigen gegenüber) reden? Da ich ihn selbst sich dessen beim Leichenbegängnis seiner Mutter mit Recht rühmen hörte, die er im Alter von 90 Jahren bestattete, als er selber 69 (Jahre alt) war, dass er sich niemals mit seiner Mutter habe versöhnen müssen, niemals mit seiner Schwester in Feindschaft gelebt habe, die er als beinahe gleichaltrig hatte. (2) Das ist ein Zeichen, dass entweder keine Klage zwischen sie trat oder dass dieser von einer solchen Nachsicht gegenüber den Seinen war, dass er es für Sünde hielt, denen zu zürnen, die zu lieben seine Pflicht war. (3) Und dies tat er nicht nur aus natürlicher Veranlagung, obwohl wir dieser alle gehorchen, sondern auch aus philosophischer Gelehrsamkeit. Denn er hat die Lehren der bedeutendsten Philosophen so in sich aufgenommen, dass er sie zur Lebensführung, nicht zur Prahlerei benutzte.

18 (1) Er war auch ein sehr strenger Nachahmer der Sitte der Vorfahren und ein Liebhaber der Geschichte des Altertums; diese kannte er so sehr sorgfältig, dass er sie vollständig in dem Band erörtert hat, in dem er die Beamten der Reihe nach aufzählte. (2) Denn es gibt weder ein Gesetz noch einen Friedensschluss noch einen Krieg noch eine berühmte Tat des römischen Volkes, die nicht in diesem zur rechten Zeit aufgezeichnet wäre; und, was das Schwierigste war, er fügte so die Herkunft der Familien ein, dass man daraus die Stammbäume der berühmten Männer erkennen kann. (3) Eben dieser tat dies getrennt in anderen Büchern, so dass er auf Bitten des Marcus Brutus die Familie der Junier von ihrem Ursprung an bis zu dieser Zeit der Reihe nach aufzählte und (dabei) angab, wer von wem auch immer abstammte, welche Ehrenstellen und zu welchen Zeiten er sie bekleidet hatte. (4) In gleicher Weise (tat er dies auf Bitten) des Marcellus Claudius (über die Familie) der Marceller, (auf Bitten) des Scipio Cornelius und des Fabius Maximus (über die Familie) der Fabier und Aemilier. Nichts Angenehmeres als diese Bücher kann es für diejenigen geben, die irgendein Verlangen nach der Kenntnis von berühmten Männern haben. (5) Er befasste sich auch mit der Dichtkunst, glauben wir, um nicht ohne Anteil an dieser Annehmlichkeit zu sein. Denn in Versen stellte er diejenigen, die an Ansehen und Bedeutung von Taten die Übrigen des römischen Volkes übertrafen, so dar, (6) dass er unter die Bilder der Einzelnen deren Taten und Ämter in nicht mehr als je vier oder fünf Versen beschrieb: Was man wohl kaum glauben konnte, dass so bedeutende Dinge so kurz auseinandergesetzt werden können. Es existiert auch ein einziges griechisch verfasstes Buch über das Konsulat Ciceros.

19 (1) Bis hierher ist dies zu Atticus Lebzeiten von uns herausgegeben worden. Jetzt werden wir, da ja das Schicksal es wollte, dass wir ihn überleben, das Übrige erzählen und, soweit wir können, durch Beispiele von Tatsachen die Leser unterrichten, wie wir oben angedeutet haben, dass der eigene Charakter für jeden meistens das Schicksal schafft. (2) Denn dieser gelangte, zufrieden mit dem Ritterstand, aus dem er stammte, zur Verwandtschaft mit dem Kaiser, dem göttlichen Sohn, während er schon vorher seine Freundschaft erlangt hatte, durch keine andere Tatsache als durch die Feinheit seiner Lebensführung, durch die er die übrigen Häupter des Staates eingenommen hatte, (die zwar) von gleichem Ansehen, an Vermögen (aber) niedriger gestellt (waren). (3) Denn so großes Glück begleitete den Caesar, dass ihm das Geschick alles schenkte, was es irgendeinem vorher (nur) anbot und ihm verschaffte, was bisher kein römischer Bürger erreichen konnte. (4) Es wurde aber dem Atticus eine Enkelin von Agrippa geboren, mit dem er seine Tochter als junge Frau verheiratet hatte. Diese verlobte Caesar als kaum Einjährige mit Tiberius Claudius Nero, dem Sohn der Drusilla, seinem Stiefsohn; diese Verbindung bekräftigte ihre enge Verbindung und machte ihren freundschaftlichen Kontakt (noch) häufiger.

20 (1) Schon vor dieser Verlobung schickte er nicht nur, wenn er von der Stadt abwesend war, niemals einen Brief an einen seiner Angehörigen, ohne dem Atticus mitzuteilen, was er tue, vor allem, was er lese und an welchen Orten er sich wie lange aufhalten werde, (2) sondern auch, wenn er in der Stadt war und wegen seiner endlosen Beschäftigungen weniger oft, als er (es) wünschte, (die Gegenwart des) Atticus genoss, verging kaum ein Tag, an dem er nicht an ihn schrieb, indem er ihn bald etwas über das Altertum fragte, ihm bald eine die Dichtkunst betreffende Frage vorlegte und ihm zuweilen im Scherz ziemlich wortreiche Briefe entlockte. (3) Daher kam es, dass Caesar, als der Tempel des Iuppiter Feretrius auf dem Kapitol, von Romulus erbaut, durch Alter und Vernachlässigung des Daches beraubt, einstürzte, auf Zureden des Atticus diesen wiederherstellen ließ. (4) Auch wurde er nicht weniger von Marcus Antonius in Abwesenheit durch Briefe so sehr geehrt, dass jener Sorgfalt (darauf) verwendete, Atticus aus den äußersten Winkeln der Länder genau (darüber) in Kenntnis zu setzen, was er tue. (5) Was das bedeutet, wird derjenige leichter ermessen, der beurteilen kann, was für ein Zeichen von Klugheit es ist, sich den Umgang und das Wohlwollen derjenigen zu erhalten, unter denen nicht nur ein Wettstreit um größte Angelegenheiten stattfand, sondern auch eine so große Missgunst, wie sie notwendigerweise zwischen Caesar und Antonius bestand, da jeder von beiden nicht nur Herr der Stadt Rom, sondern des Erdkreises sein wollte.

21 (1) Als er auf solche Weise 77 Jahre vollendet hatte und bis zum äußersten Greisenalter nicht weniger an Ansehen als an Liebenswürdigkeit und Vermögen gewonnen hatte (denn viele Erbschaften erlangte er durch keine andere Tatsache als durch Herzensgüte) und ein so großes Glück an Gesundheit genießen durfte, dass er seit dreißig Jahren keine Medizin benötigt hatte, (2) bekam er eine Krankheit, die anfangs sowohl er selbst als auch die Ärzte unterschätzten. Denn sie glaubten, dass es Stuhlzwang [ein Schließmuskelkrampf] sei, gegen den schnell und leicht wirkende Mittel verordnet wurden. (3) Als er während dieser (Krankheit) drei Monate verbracht hatte ohne irgendwelche Schmerzen – außer denen, die er infolge der Behandlung bekam –, drang plötzlich eine so große Gewalt der Krankheit in den untersten Teil des Gedärmes [den Mastdarm] ein, dass zuletzt Eitergeschwüre an den Lenden aufbrachen. (4) Und bevor ihm dies widerfuhr, ließ er, nachdem er gemerkt hatte, dass die Schmerzen täglich zunahmen und Fieber hinzugekommen war, seinen Schwiegersohn Agrippa zu sich kommen und mit ihm zusammen Lucius Cornelius Balbus und Sextus Peducaeus. (5) Als er sah, dass diese gekommen waren, stützte er sich auf seinen Ellbogen und sagte:

„Wie große Sorgfalt und Umsicht ich in dieser Zeit auf die Erhaltung meiner Gesundheit verwendet habe, ist, da ich euch als Zeugen habe, mit mehreren Worten zu erwähnen nicht nötig. Da ich dadurch, wie ich hoffe, gerechtfertigt bin, nichts unterlassen zu haben, was zu meiner Heilung diente, bleibt (nur) übrig, dass ich selbst für mich sorge. Ich will, dass ihr dies genau wisst. (6) Denn es steht für mich fest, aufzuhören, die Krankheit (weiterhin) zu ernähren. Denn was ich auch in diesen Tagen an Speise zu mir genommen habe, habe ich mein Leben (nur) so verlängert, dass ich meine Schmerzen vermehrt habe ohne Hoffnung auf Heilung. Daher bitte ich euch, erstens meinen Plan zu billigen, dann, nicht vergeblich zu versuchen, mich durch Abraten zu hindern."

22 (1) Nachdem diese Rede mit einer so großen Festigkeit der Stimme und des Gesichtsausdrucks gehalten worden war, dass er nicht aus dem Leben sondern von einem Haus in ein (anderes) Haus zu gehen schien, (2) und als gerade Agrippa ihn unter Tränen und Küssen bat und beschwor, dass er nicht das, was die Natur erzwinge, auch selbst (noch) für sich beschleunige und dass er, weil er ja auch damals die Zeiten überstehen konnte, sich für sich selbst und für die Seinen erhalte, beschwichtigte er dessen Bitten durch seine schweigende Beharrlichkeit. (3) Als er sich so zwei Tage lang der Speise enthalten hatte, ließ plötzlich das Fieber nach und die Krankheit fing an leichter zu werden. Dennoch führte er seinen Vorsatz nichtsdestoweniger durch. Und so starb er am fünften Tag, nachdem er diesen Plan gefasst hatte, am Tag vor den Kalenden des Aprils [am 31. März] unter den Konsuln Gnaeus Domitius und Gaius Sosius. (4) Er wurde, wie er selbst angeordnet hatte, in einer Sänfte zu Grabe getragen, ohne jeden Bestattungsprunk, in Begleitung von allen Vornehmen und unter sehr zahlreicher Beteiligung des Volkes. Er wurde neben der Via Appia am fünften Meilenstein im Grabmal des Quintus Caecilius, seines Onkels, begraben.